RÉFLEXIONS
SUR
L'ESCLAVAGE
DES NEGRES.

PAR M. SCHWARTZ,

*Pasteur du Saint-Evangile à Bienne, Membre de la Société économique de B****.*

A NEUFCHATEL,

Chez la SOCIÉTÉ TYPOGRAPHIQUE.

M. DCC. LXXXI.

ÉPITRE DÉDICATOIRE,

AUX NEGRES ESCLAVES.

Mes amis,

Quoique je ne sois pas de la même couleur que vous, je vous ai toujours regardé comme mes freres. La nature vous a formés pour avoir le même esprit, la même raison, les mêmes vertus que les

Blancs. Je ne parle ici que de ceux d'Europe, car pour les Blancs des Colonies, je ne vous fais pas l'injure de les comparer avec vous, je ſais combien de fois votre fidélité, votre probité, votre courage ont fait rougir vos maîtres. Si on alloit chercher un homme dans les Isles de l'Amérique, ce ne ſeroit point parmi les gens de chair blanche qu'on le trouveroit.

Votre ſuffrage ne procure point de places dans les Colonies, votre protection ne fait point obtenir de penſions, vous n'avez pas de quoi ſoudoyer des avocats; il n'eſt donc pas étonnant que vos maîtres trouvent plus de gens qui ſe déshonorent en défendant leur cauſe, que vous n'en avez trouvé qui ſe ſoient honorés en défendant la vôtre. Il y a même des pays où ceux qui voudroient écrire en votre faveur n'en auroient point la liberté. Tous ceux qui ſe ſont enrichis dans les Iſles aux dépens de vos travaux & de vos ſouffrances, ont, à leur retour, le droit de vous inſulter dans des libelles calomnieux; mais il n'eſt point permis de leur répondre. Telle eſt l'idée que vos maîtres ont de la bonté de leur droit; telle eſt la conſcience qu'ils ont de leur humanité à votre égard. Mais cette injuſtice n'a été pour moi qu'une raiſon de plus pour prendre, dans un pays libre, la défenſe de la liberté des hommes. Je ſais que vous ne connoîtrez jamais cet Ouvrage, & que la douceur d'être béni par vous me ſera toujours refuſée. Mais j'aurai ſatisfait mon cœur déchiré par le ſpectacle de vos maux, ſoulevé par l'inſolence abſurde des ſophiſmes de vos tyrans. Je n'emploierai point l'éloquence, mais la raiſon, je parlerai, non des intérêts du commerce, mais des loix de la juſtice.

Vos tyrans me reprocheront de ne dire que des choſes communes, & de n'avoir que des idées chimériques; en effet, rien n'eſt plus commun que les maximes de l'humanité & de la juſtice, rien n'eſt plus chimérique que de propoſer aux hommes d'y conformer leur conduite.

PRÉFACE
DES ÉDITEURS.

M. SCHWARTZ nous ayant envoyé son manuscrit, nous l'avons communiqué à M. le Pasteur B*******, l'un de nos associés, qui nous a répondu que cet Ouvrage ne contenoit que des choses communes, écrites d'un style peu correct, froid & sans élévation ; qu'on ne le vendroit pas, & qu'il ne convertiroit personne.

Nous avons fait part de ces observations à M. SCHWARTZ, qui nous a honorés de la lettre suivante.

„ Messieurs,

„ Je ne suis ni un bel esprit Parisien, „ qui prétend à l'académie françoise, ni „ un politique Anglois, qui fait des „ pamphlets, dans l'espérance d'être élu „ membre de la chambre des Communes, „ & de se faire acheter, par la Cour, „ à la premiere révolution du ministere. „ Je ne suis qu'un bon homme, qui „ aime à dire franchement son avis à „ l'univers, & qui trouve fort bon que „ l'univers ne l'écoute pas. Je sais bien „ que je ne dis rien de neuf pour les „ gens éclairés, mais il n'en est pas moins „ vrai que, si les vérités qui se trouvent „ dans mon Ouvrage étoient si triviales „ pour le commun des François ou des „ Anglois, &c. l'esclavage des Negres

„ ne pourroit ſubſiſter. Il eſt très-poſſi-
„ ble cependant que ces réflexions ne
„ ſoient pas plus utiles au genre humain
„ que les Sermons que je prêche depuis
„ vingt ans, ne ſont utiles à ma pa-
„ roiſſe, j'en conviens, & cela ne m'em-
„ pêchera pas de prêcher & d'écrire tant
„ qu'il me reſtera une goutte d'encre &
„ un filet de voix. Je ne prétends point
„ d'ailleurs vous vendre mon manuſcrit.
„ Je n'ai beſoin de rien, je reſtitue même
„ à mes paroiſſiens les appointemens de
„ Miniſtre que l'Etat me paye. On dit
„ que c'eſt auſſi l'uſage que font de leur
„ revenu tous les Archevêques & Evê-
„ ques du clergé de France, depuis l'an-
„ née 1750, où ils ont déclaré ſolem-
„ nellement à la face de l'Europe, que
„ leur bien étoit le bien des pauvres.

„ J'ai l'honneur d'être avec respect, &c.

„ Signé JOACHIM SCHWARTZ,
avec paraphe.

Cette lettre nous a paru d'un si bon homme, que nous avons pris le parti d'imprimer son ouvrage. Nous en ferons pour nos frais typographiques, ou les lecteurs pour quelques heures d'ennui.

TABLE DES MATIÈRES.

Fin de la Table.

RÉFLEXIONS

RÉFLEXIONS
SUR
L'ESCLAVAGE
DES NEGRES.

I.

De l'injuſtice de l'eſclavage des Negres, conſidérée par rapport à leurs maîtres.

RÉDUIRE un homme à l'eſclavage, l'acheter, le vendre, le retenir dans la ſervitude, ce ſont de véritables crimes, & des crimes pires que le vol. En effet on dépouille l'eſclave, non-ſeulement de toute propriété mobiliaire ou fonciere, mais de la faculté d'en acquerir, mais de la propriété de ſon tems, de ſes forces, de tout ce que la nature lui a donné pour conſerver ſa vie ou ſatisfaire à ſes beſoins. A ce tort on joint celui d'enlever à l'eſclave le droit de diſpoſer de ſa perſonne.

Ou il n'y a point de morale, ou il faut convenir de ce principe. Que l'opinion ne flétriſſe point ce genre de crime, que la loi du pays le tolere; ni l'opinion, ni la loi ne peuvent changer la nature des actions, & cette opinion ſeroit celle de tous les hommes, & le genre humain aſſemblé auroit, d'une voix unanime, porté cette loi, que le crime reſteroit toujours un crime.

Dans la ſuite nous comparerons ſouvent avec le vol l'action de réduire à l'eſclavage. Ces deux crimes, quoique le premier ſoit beaucoup moins grave, ont de grands rapports entr'eux; & comme l'un a toujours été le crime du plus fort, & le vol celui du plus foible, nous trouvons toutes les queſtions ſur le vol réſolues d'avance & ſuivant de bons principes, par tous les moraliſtes, tandis que l'autre crime n'a pas même de nom dans leurs livres. Il faut excepter cependant le vol à main armée qu'on appelle *conquête*, & quelques autres especes de vols où c'eſt également le plus fort qui dépouille le plus foible : les moraliſtes ſont auſſi muets ſur ces crimes que ſur celui de réduire des hommes à l'eſclavage.

I I.

Raiſons dont on ſe ſert pour excuſer l'eſclavage des Negres.

On dit, pour excuſer l'eſclavage des Negres achetés en Afrique, que ces malheureux ſont, ou des criminels condamnés au dernier ſupplice, ou des priſonniers de guerre qui ſeroient mis à mort, s'ils n'étoient pas achetés par les Européens.

D'après ce raiſonnement, quelques écrivains nous préſentent la traite des Negres comme étant preſque un acte d'humanité. Mais nous obſerverons,

1°. Que ce fait n'eſt pas prouvé & n'eſt pas même vraiſemblable. Quoi, avant que les Européens achetaſſent des Negres, les Africains égorgeoient tous leurs priſonniers! Ils tuoient non-ſeulement les femmes mariées, comme c'étoit, dit-on, autrefois l'ufage chez une horde de voleurs orientaux, mais même les filles non mariées, ce qui n'a jamais été rapporté d'aucun peuple. Quoi! fi nous n'allions pas chercher des Negres en Afrique, les Africains tueroient les efclaves qu'ils deftinent maintenant à être vendus. Chacun des deux partis aimeroit mieux affommer fes prifonniers que de les échanger! Pour croire des faits invraifemblables, il faut des témoignages refpectables, & nous n'avons ici que ceux des gens employés au commerce des Negres. Je n'ai jamais eu l'occafion de les fréquenter, mais il y avoit chez les Romains des hommes livrés au même commerce, & leur nom eft encore une injure (*).

2°. En fuppofant qu'on fauve la vie du Negre qu'on achete, on ne commet pas moins

---

(*) Le nom ne fignifioit d'abord que marchand d'efclaves, mais comme ces marchands vendoient de belles efclaves aux voluptueux de Rome, leur nom prit une autre fignification. C'eft là une fuite néceffaire du métier de marchand d'efclaves; auffi, même dans les pays affez barbares pour que cette profeffion ne fut point regardée comme criminelle, elle a toujours été infâme dans l'opinion.

un crime en l'achetant, si c'est pour le revendre ou le réduire en esclavage. C'est précisément l'action d'un homme qui, après avoir sauvé un malheureux poursuivi par des assassins, le voleroit: ou bien si on suppose que les Européens ont déterminé les Africains à ne plus tuer leurs prisonniers, ce seroit l'action d'un homme qui seroit parvenu à dégoûter des brigands d'assassiner les passans, & les auroit engagés à se contenter de les voler avec lui. Diroit-on dans l'une ou dans l'autre de ces suppositions, que cet homme n'est pas un voleur? Un homme qui, pour en sauver un autre de la mort, donneroit de son nécessaire, seroit sans doute en droit d'exiger un dédommagement; il pourroit acquerir un droit sur le bien & même sur le travail de celui qu'il a sauvé, en prélevant cependant ce qui est nécessaire à la subsistance de l'obligé: mais il ne pourroit sans injustice le réduire à l'esclavage. On peut acquerir des droits sur la propriété future d'un autre homme, mais jamais sur sa personne. Un homme peut avoir le droit d'en forcer un autre à travailler pour lui, mais non pas de le forcer à lui obéir.

3°. L'excuse alléguée est d'autant moins

légitime, que c'eſt au contraire l'infame commerce des brigands d'Europe qui fait naître entre les Africains des guerres preſque continuelles, dont l'unique motif eſt le deſir de faire des priſonniers pour les vendre. Souvent les Européens eux-mêmes fomentent ces guerres par leur argent ou par leurs intrigues; enſorte qu'ils ſont coupables, non-ſeulement du crime de réduire des hommes à l'eſclavage, mais encore de tous les meurtres commis en Afrique pour préparer ce crime. Ils ont l'art perfide d'exciter la cupidité & les paſſions des Africains, d'engager le pere à livrer ſes enfans, le frere à trahir ſon frere, le prince à vendre ſes ſujets. Ils ont donné à ce malheureux peuple le goût deſtructeur des liqueurs fortes, ils lui ont communiqué ce poiſon qui, caché dans les forêts de l'Amérique, eſt devenu, graces à l'active avidité des Européens, un des fléaux du globe, & ils oſent encore parler d'humanité.

Quand bien même l'excuſe que nous venons d'alléguer diſculperoit le premier acheteur, elle ne pourroit excuſer ni le ſecond acheteur, ni le colon qui garde le Negre, car ils n'ont pas le motif préſent d'enlever à la mort l'esclave qu'ils achetent. Ils sont, par rapport au crime de réduire en esclavage, ce qu'est, par rapport à un vol, celui qui partage avec le voleur, ou plutôt celui qui charge un autre d'un vol & qui en partage avec lui le produit. La loi peut avoir des motifs pour traiter différemment le voleur & son complice ou son instigateur, mais en morale le délit est le même.

Enfin, cette excuse est absolument nulle pour les Negres nés dans l'habitation. Le maître qui les éleve pour les laisser dans l'esclavage est criminel, parce que le soin qu'il a pu prendre d'eux dans l'enfance ne peut lui donner sur eux aucune apparence de droit. En effet pourquoi ont-ils eu besoin de lui? C'est parce qu'il a ravi à leurs parens, avec la liberté, la faculté de soigner leur enfant. Ce seroit donc prétendre qu'un premier crime peut donner le droit d'en commettre un second. D'ailleurs, supposons même l'enfant Negre abandonné librement de ses parens, le droit d'un homme sur un enfant abandonné, qu'il a élevé, peut-il être de le réduire à l'esclavage? Une action d'humanité donneroit-elle le droit de commettre un crime?

L'esclavage des criminels légalement condamnés n'est pas même légitime. En effet, une des conditions nécessaires pour que la peine soit juste, c'est qu'elle soit déterminée par la loi, & quant à sa durée & quant à sa forme. Ainsi la loi peut condamner à des travaux publics, parce que la durée du travail, la nourriture, les punitions en cas de paresse ou de révolte, peuvent être déterminées par la loi, mais la loi ne peut jamais prononcer contre un homme la peine d'être esclave d'un autre homme en particulier, parce que la peine dépendant alors absolument du caprice du maître, elle est nécessairement indéterminée. D'ailleurs il est aussi absurde qu'atroce d'oser avancer que la plupart des malheureux achetés en Afrique sont des criminels. A-t-on peur qu'on n'ait pas assez de mépris pour eux, qu'on ne les traite pas avec assez de dureté? & comment suppose-t-on qu'il existe un pays où il se commette tant de crimes, & où cependant il se fasse une si exacte justice?

III.

De la prétendue néceſſité de l'eſclavage des Negres, conſidérée par rapport au droit qui peut en réſulter pour leurs maîtres.

On prétend qu'il eſt impoſſible de cultiver les colonies ſans Negres eſclaves. Nous admettrons ici cette allégation, nous ſuppoſerons cette impoſſibilité abſolue. Il eſt clair qu'elle ne peut rendre l'eſclavage légitime. En effet, ſi la néceſſité abſolue de conſerver notre exiſtence peut nous autoriſer à bleſſer le droit d'un autre homme, la violence ceſſe d'être légitime à l'inſtant où cette néceſſité abſolue vient à ceſſer : or il n'eſt pas queſtion ici de ce genre de néceſſité, mais ſeulement de la perte de la fortune des colons. Ainſi demander ſi cet intérêt rend l'eſclavage légitime, c'eſt demander s'il m'eſt permis de conſerver ma fortune par un crime. Le beſoin abſolu que j'aurois des chevaux de mon voiſin pour cultiver mon champ ne me donneroit pas le droit de voler ſes chevaux ; pourquoi donc aurois-je le droit de l'obliger lui-même par la violence à le cultiver? Cette prétendue nécessité ne change donc rien ici, & ne rend pas l'esclavage moins criminel de la part du maître.

IV.

Si un homme peut acheter un autre homme de lui-même.

Un homme se présente à moi & me dit: donnez-moi une telle somme & je serai votre esclave. Je lui délivre la somme, il l'emploie librement (sans cela le marché seroit absurde) ai-je le droit de le retenir en esclavage, j'entends lui seul, car il est bien clair qu'il n'a pas eu le droit de me vendre sa postérité, & quelle que soit l'origine de l'esclavage du pere, les enfans naissent libres.

Je réponds que dans ce cas-là même, je ne puis avoir ce droit. En effet, si un homme se loue à un autre homme pour un an, par exemple, soit pour travailler dans sa maison, soit pour le servir, il a formé avec son maître une convention libre, dont chacun des contractans a le droit d'exiger l'exécution. Supposons que l'ouvrier se soit engagé pour la vie, le droit réciproque entre lui & l'homme à qui il s'est engagé doit subsister, comme pour une convention à tems. Si les loix veillent à l'exécution du traité, si elles reglent la peine qui sera imposée à celui qui viole la convention, si les coups, les injures du maître sont punies par des peines ou pécuniaires ou corporelles (& pour que les loix soient justes, il faut que pour le même acte de violence, pour le même outrage, la peine soit aussi la même pour le maître & pour l'homme engagé) si les tribunaux annullent la convention dans le cas où le maître est convaincu ou d'excéder de travail son domestique, son ouvrier engagé, ou de ne pas pourvoir à sa subsistance; si, lorsqu'après avoir profité du travail de sa jeunesse, son maître l'abandonne, la loi condamne ce maître à lui payer une pension : alors cet homme n'est point esclave. Qu'est-ce en effet que la liberté considérée dans le rapport d'un homme à un autre? C'est le pouvoir de faire tout ce qui n'est pas contraire à ses conventions, & dans le cas où l'on s'en écarte, le droit de ne pouvoir être contraint à les remplir, ou puni d'y avoir manqué, que par un jugement légal. C'eſt enfin le droit d'implorer le ſecours des loix contre toute eſpece d'injure ou de léſion. Un homme a-t-il renoncé à ces droits, ſans doute alors il devient eſclave; mais auſſi ſon engagement devient nul par lui-même, comme l'effet d'une folie habituelle ou d'une aliénation d'eſprit, cauſée par la paſſion ou l'excès du beſoin. Ainſi tout homme qui, dans ſes conventions, a conſervé les droits naturels que nous venons d'expoſer, n'eſt pas eſclave, & celui qui y a renoncé, ayant fait un engagement nul, il eſt auſſi en droit de reclamer ſa liberté que l'eſclave fait par la violence. Il peut reſter le débiteur, mais ſeulement le débiteur libre de ſon maître.

Il n'y a donc aucun cas où l'eſclavage même volontaire dans ſon origine puiſſe n'être pas contraire au droit naturel.

V.

De l'injuſtice de l'eſclavage des Negres, conſidérée par rapport au légiſlateur.

TOUT légiſlateur, tout membre particulier d'un corps légiſlatif, eſt aſſujetti aux loix de la morale naturelle. Une loi injuſte qui bleſſe le droit des hommes, ſoit nationaux, ſoit étrangers, eſt un crime commis par le légiſlateur, où dont ceux des membres du corps légiſlatif qui ont ſouſcrit à cette loi, ſont tous complices. Tolerer une loi injuſte, lorſqu'on peut la détruire, eſt auſſi un crime; mais ici la morale n'exige rien des légiſlateurs au-delà de ce qu'elle preſcrit aux particuliers, lorſqu'elle leur impoſe le devoir de reparer une injuſtice. Ce devoir eſt abſolu en lui-même, mais il eſt des circonſtances où la morale exige ſeulement la volonté de le remplir, & laiſſe à la prudence le choix des moyens & du tems. Ainſi dans la réparation d'une injuſtice, le légiſlateur peut avoir égard aux intérêts de celui qui a ſouffert de l'injuſtice, & cet intérêt peut demander, dans la maniere de la reparer, des précautions qui entraînent des délais. Il faut avoir égard auſſi à la tranquillité publique, & les meſures néceſſaires pour la conſerver peuvent demander qu'on ſuſpende les opérations les plus utiles.

Mais on voit qu'il ne peut être ici queſtion que de délais, de formes plus ou moins lentes. En effet, il eſt impoſſible qu'il ſoit toujours utile à un homme, & encore moins à une claſſe perpétuelle d'hommes, d'être privés des droits naturels de l'humanité, & une aſſociation où la tranquillité générale exigeroit la violation du droit des citoyens ou des étrangers, ne ſeroit plus une ſociété d'hommes, mais une troupe de brigands.

Les ſociétés politiques ne peuvent avoir d'autre but que le maintien des droits de ceux qui les compoſent, ainſi toute loi contraire au droit d'un citoyen ou d'un étranger eſt une loi injuſte, elle autoriſe une violence, elle eſt un véritable crime. Ainſi la protection de la force publique accordée à la violation du droit d'un particulier, eſt un crime dans celui qui diſpoſe de la force publique. Si cependant il existe une sorte de certitude qu'un homme est hors d'état d'exercer ses droits, & que si on lui en confie l'exercice, il en abusera contre les autres, ou qu'il s'en servira à son propre préjudice : alors la société peut le regarder comme ayant perdu ses droits, ou comme ne les ayant pas acquis. C'est ainsi qu'il y a quelques droits naturels dont les enfans en bas âge sont privés, dont les imbécilles, dont les fous restent déchus. De même si par leur éducation, par l'abrutissement contracté dans l'esclavage, par la corruption des mœurs, suite nécessaire des vices & de l'exemple de leurs maîtres, les esclaves des colonies Européennes sont devenus incapables de remplir les fonctions d'hommes libres : on peut (du moins jusqu'au tems où l'usage de la liberté leur aura rendu ce que l'esclavage leur a fait perdre) les traiter comme ces hommes que le malheur ou la maladie a privés d'une partie de leurs facultés, à qui on ne peut laisser l'exercice entier de leurs droits, sans les exposer à faire du mal à autrui ou à se nuire à eux-mêmes, & qui ont besoin, non-seulement de la protection des loix, mais des soins de l'humanité.

Si un homme doit à la perte de ses droits l'assurance de pourvoir à ses besoins, si en lui rendant ses droits, on l'expose à manquer du nécessaire, alors l'humanité exige que le législateur concilie la sureté de cet homme avec ses droits. C'est ce qui a lieu dans l'esclavage des noirs comme dans celui de la glebe.

Dans le premier, la case des Negres, leurs meubles, les provisions pour leur nourriture appartiennent au maître. En leur rendant brusquement la liberté, on les réduiroit à la misere.

De même, dans l'esclavage de la glebe, le cultivateur dont le champ, dont la maison appartient au maître, pourroit se trouver, par un changement trop brusque, libre, mais ruiné.

Ainsi, dans de pareilles circonstances, ne pas rendre sur le champ à des hommes l'exercice de leurs droits, ce n'est ni violer ces droits, ni continuer à en protéger les violateurs, c'est seulement mettre dans la maniere de détruire les abus la prudence nécessaire, pour que la justice qu'on rend à un malheureux devienne plus sûrement pour lui un moyen de bonheur.

Le

Le droit d'être protégé par la force publique contre la violence, est un des droits que l'homme acquiert en entrant dans la société; ainsi le législateur doit à la société de n'y point admettre des hommes qui lui sont étrangers & qui pourroient la troubler; il doit encore à la société de ne point faire les loix, même les plus justes, s'il présume qu'elles y porteront le trouble, avant de s'être assuré ou des moyens de prévenir ces troubles, ou de la force nécessaire pour punir ceux qui les causent avec le moindre danger possible pour le reste des citoyens. Ainsi, par exemple, avant de placer les esclaves au rang des hommes libres, il faut que la loi s'assure qu'en cette nouvelle qualité, ils ne troubleront point la sureté des citoyens, il faut avoir prévu tout ce que la sureté publique peut, dans un premier moment, avoir à craindre de la fureur de leurs maîtres offensés à la fois dans deux passions bien fortes, l'avidité & l'orgueil, car l'homme accoutumé à se voir entouré d'esclaves ne se console point de n'avoir que des inférieurs.

Tels sont les seuls motifs qui puissent permettre au législateur de differer sans crime la destruction de toute loi qui prive un homme de ses droits.

La prospérité du commerce, la richesse nationale ne peuvent être mises en balance avec la justice. Un nombre d'hommes assemblés n'a pas le droit de faire ce qui, de la part de chaque homme en particulier, seroit une injustice. Ainsi l'intérêt de puissance & de richesse d'une nation doit disparoître devant le droit d'un seul homme (*), autrement il n'y a plus de différence entre une société réglée & une horde de voleurs. Si dix mille, cent mille hommes ont le droit de tenir un homme dans l'esclavage, parce que leur intérêt le demande, pourquoi un homme fort comme Her-

(*) Ce principe est absolument contraire à la doctrine ordinaire des politiques. Mais la plupart de ceux qui écrivent sur ces objets ayant pour but ou d'avoir des places, ou de se faire payer par ceux qui en ont, ils n'auroient garde d'adopter des principes avec lesquels ils ne pourroient ni louer personne, ni trouver personne qui voulut les employer, sauf une ou deux exceptions qu'on pourroit citer, comme par exemple, dans l'année 58 avant Jesus-Christ & dans l'année 1775 après Jesus-Christ.

cule n'auroit-il pas le droit d'assujettir un homme foible à sa volonté ? Tels sont les principes de justice qui doivent guider dans l'examen des moyens qui peuvent être employés pour détruire l'esclavage. Mais il n'est pas inutile, après avoir traité la question dans ces principes de justice, de la traiter sous un autre point de vue, & de montrer que l'esclavage des Negres est aussi contraire à l'intérêt du commerce qu'à la justice. Il est essentiel d'enlever à ce crime l'appui même de ces politiques de comptoir ou de bureau, à qui la voix de la justice est étrangere & qui se regardent comme des hommes d'état & de profonds politiques, parce qu'ils voient l'injustice de sang froid & qu'ils la souffrent, l'autorisent ou la commettent sans remords.

VI.

Les Colonies à ſucre & à indigo ne peuvent-elles être cultivées que par des Negres eſclaves.

Il n'eſt pas prouvé que les Iſles de l'Amérique ne puiſſent être cultivées par des Blancs : à la vérité, les excès de Negreſſes & de liqueurs fortes peuvent rendre les Blancs incapables de tout travail. Leur avarice qui les excite à ſe livrer avec excès à des travaux qu'on leur paye très-cher, peut auſſi les faire périr ; mais ſi les Iſles, au lieu d'être partagées par grandes portions, étoient diviſées en petites propriétés ; ſi ſeulement les terres qui ont échappé à l'avidité des premiers colons, étoient diviſées, par les gouvernemens ou par leurs ceſſionnaires, entre des familles de cultivateurs, il eſt au moins très-vraiſemblable qu'il ſe formeroit bientôt dans ces pays une race d'hommes vraiment capables de travail. Ainſi le raiſonnement des politiques qui croient les Negres eſclaves néceſſaires, ſe réduit à dire : *Les Blancs ſont avares, ivrognes & crapuleux, donc les Noirs doivent être eſclaves.*

Mais ſuppoſons que les Negres ſoient néceſſaires, il ne s'enſuivroit pas qu'il fût néceſſaire d'employer des Negres eſclaves. Auſſi on établit ſur deux autres raiſons cette prétendue néceſſité. La premiere ſe tire de la pareſſe des Negres, qui ayant peu de beſoins, & vivant de peu, ne travailleroient que pour gagner l'étroit néceſſaire; c'eſt-à-dire en d'autres termes, que l'avarice des Blancs étant beaucoup plus grande que celle des Negres, il faut rouer de coups ceux-ci pour ſatisfaire les vices des autres. Cette raiſon d'ailleurs eſt fauſſe. Les hommes après avoir travaillé pour la ſubſiſtance, travaillent pour l'aiſance lorſqu'ils peuvent y prétendre. Il n'y a de peuples vraiment pareſſeux dans les nations civiliſées, que ceux qui ſont gouvernés de maniere qu'il n'y auroit rien à gagner pour eux en travaillant davantage. Ce n'eſt ni au climat, ni au terrein, ni à la conſtitution phyſique, ni à l'eſprit national qu'il faut attribuer la pareſſe de certains peuples; c'eſt aux mauvaiſes loix qui les gouvernent. Il feroit aifé d'établir cette vérité par des exemples, en parcourant tous les peuples, depuis l'Angleterre jufqu'au Mogol, depuis la principauté de Neuchâtel jufqu'à la Chine; feulement plus le fol eft bon, plus la nation a de facilités naturelles pour le commerce, plus il faut auffi que les loix foient mauvaifes pour rendre le peuple pareffeux. Il faudroit, par exemple, pour détruire l'induftrie des Normands & des Hollandois, de bien plus mauvaifes loix que pour détruire celle des Neuchatelois & des Savoyards.

La deuxieme raifon en faveur de l'efclavage des Negres fe tire de la nature des cultures établies dans les Ifles. Ces cultures, dit-on, exigent de grands atteliers, & le concours d'un grand nombre d'hommes raffemblés. D'ailleurs, leurs produits étant fujets à s'altérer en peu de tems, fi la culture étoit laiffée à des hommes libres, la recolte dépendroit du caprice des ouvriers. Cette feconde raifon ne peut féduire aucun homme capable de réflexion, ni même quiconque n'a point paffé fa vie entiere dans l'enceinte d'une ville. D'abord on auroit prouvé la même chose de la culture du bled, de celle du vin, dans le tems que l'Europe étoit cultivée par des esclaves. Et il est aussi ridicule de soutenir qu'en Amérique on ne peut avoir de sucre ou d'indigo que dans de grands établissemens formés avec des esclaves, qu'il l'auroit été il y a dix-huit siecles de prétendre que l'Italie cesseroit de produire du bled, du vin ou de l'huile, si l'esclavage y étoit aboli. Il n'est pas plus nécessaire que le moulin à sucre appartienne au propriétaire du terrein, qu'il ne l'est que le pressoir appartienne au propriétaire de la vigne, ou le four au propriétaire du champ de bled. Au contraire, en général dans toute espece de culture, comme dans toute espece d'art, plus le travail se divise, plus les produits augmentent & se perfectionnent. Ainsi bien loin qu'il soit utile que le sucre se prépare sous la direction de ceux qui ont planté la canne, il seroit plus utile que la canne fût achetée du propriétaire par des hommes dont le métier seroit de fabriquer le sucre.

Il faut observer que rien dans la culture de la canne à sucre ou de l'espece de fenouil qui produit l'indigo, ne s'oppose à ce que les champs de cannes ou d'indigo ne ſoient partagés en petites parties & diviſées, ſoit pour la propriété, ſoit pour l'exploitation. C'eſt ainſi que la canne à ſucre eſt cultivée en Aſie de tems immémorial. Chaque propriétaire d'un petit champ porte au marché le ſucre de la canne qu'il a exprimée chez lui, & qu'il a converti en melaſſe; & il vaudroit bien mieux encore qu'il vendît la canne, ou ſur pied, ou coupée, à un manufacturier. C'eſt auſſi ce qui arriveroit en Aſie, ſi le gouvernement n'y étouffoit pas l'induſtrie, & dans les Iſles, ſi la culture y étoit libre.

Ce que nous venons de dire du ſucre s'applique à l'indigo, & plus aiſément encore au caffé ou aux épiceries. Il eſt donc d'abord très-vraiſemblable que les Negres ne ſont pas les ſeuls hommes qui puiſſent remuer la terre en Amérique, & il eſt certain que la culture par des Negres libres ne nuiroit, ni à la quantité, ni à la qualité des denrées, & au contraire, contribueroit à augmenter l'une en perfectionnant l'autre.

Le préjugé contraire a été accrédité par les colons, & peut-être de bonne foi. La raiſon en eſt ſimple, ils n'ont pas diſtingué le produit réel du produit net. En effet, faites cultiver par des eſclaves, le produit net ſera plus grand, parce qu'il ne vous en coutera, en frais de culture, que le moins qu'il eſt poſſible. Vous ne donnerez à vos eſclaves que la nourriture néceſſaire, vous choiſirez la plus commune & la moins chere, ils n'auront qu'une hutte pour maiſon, à peine leur donnerez-vous un habillement groſſier. Le journalier le plus preſſé d'ouvrage exigeroit un ſalaire plus fort. D'ailleurs, un journalier veut tantôt gagner plus, pour former quelque capital, tantôt il veut ſe reſerver du tems pour ſe divertir; s'il emploie toutes ſes forces, il faut que votre argent le dédommage de ce qu'il n'a pas ſuccombé à ſa pareſſe. Avec des eſclaves vous employez les coups de bâton, ce qui eſt moins cher. Dans la culture libre, c'eſt la concurrence réciproque des propriétaires & des ouvriers qui fixe le prix. Dans la culture eſclave, le prix dépend abſolument de l'avidité du propriétaire. Mais auſſi, dans la culture eſclave, le produit brut eſt plus foible; & au contraire, le produit brut ſera plus conſiderable dans la culture libre. Ce n'eſt donc pas l'intérêt d'augmentation de culture qui fait prendre la défenſe de l'eſclavage des Negres, c'eſt l'intérêt d'augmentation de revenu pour les colons. Ce n'eſt pas l'intérêt patriotique plus ou moins fondé, c'eſt tout ſimplement l'avarice & la barbarie des propriétaires. La deſtruction de l'eſclavage ne ruineroit ni les colonies, ni le commerce; elle rendroit les colonies plus floriſſantes, elle augmenteroit le commerce. Elle ne feroit d'autre mal que d'empêcher quelques hommes barbares de s'engraiſſer des ſueurs & du ſang de leurs freres; en un mot, la maſſe entiere des hommes y gagneroit, tandis que quelques particuliers n'y perdroient que l'avantage de pouvoir commettre impunément un crime utile à leurs intérêts.

On a prétendu diſculper la traite des Negres, en ſuppoſant que l'importation des Negres eſt néceſſaire pour la culture. C'eſt encore une erreur: les femmes Negres ſont très-fécondes; les habitations bien gouvernées s'entretiennent, même ſous la ſervitude, ſans importation nouvelle. C'eſt l'incontinence, l'avarice & la cruauté des Européens, qui dépeuplent les habitations ; & lorſqu'on proſtitue les Negreſſes pour leur voler enſuite ce qu'elles ont gagné ; lorſqu'on les oblige, à force de traitemens barbares, de ſe livrer, ſoit à leur maître, ſoit à ſes valets ; lorſqu'on fait déchirer devant elles les Noirs qu'on les ſoupçonne de préférer à leurs tyrans ; lorſque l'avarice ſurcharge les Negres de travail & de coups, ou leur refuſe le néceſſaire ; lorſqu'ils voient leurs camarades, tantôt mis à la queſtion, tantôt brûlés dans des fours, pour cacher les traces de ces aſſaſſinats, alors ils déſertent, ils s'empoiſonnent, les femmes ſe font avorter, & l'habitation ne peut ſe ſoutenir qu'en tirant d'Afrique de nouvelles victimes. Il eſt ſi peu vrai que la population des Negres ne puiſſe ſe ſoutenir par elle-même, qu'on voit la race des Negres marons ſe ſoutenir dans les forêts, au milieu des rochers, quoique leurs maîtres s'amuſent à les chaſſer comme des bêtes fauves, & qu'on ſe vante d'avoir aſſaſſiné un Negre maron, comme en Europe on tire vanité d'avoir tué par derriere un daim ou un chevreuil.

Si les Negres étoient libres, ils fourniroient bientôt une nation floriſſante. Ils ſont, dit-on, pareſſeux, ſtupides & corrompus, mais tel eſt le ſort de tous les eſclaves. Quand Jupiter réduit un homme à la ſervitude, dit Homere, il lui ôte la moitié de ſa cervelle. Les Negres ſont naturellement un peuple doux, induſtrieux, ſenſible; leurs paſſions ſont vives; ſi on raconte d'eux des crimes atroces, on peut en citer auſſi des traits héroïques. Mais qu'on interroge tous les tyrans, ils apporteront toujours pour excuſes de leurs crimes les vices de ceux qu'ils oppriment, quoique ces vices ſont par-tout leur propre ouvrage.

VII.

Qu'il faut détruire l'esclavage des Negres ; & que leurs maîtres ne peuvent exiger aucun dédommagement.

Il suit de nos principes que cette justice inflexible, à laquelle les Rois & les nations sont assujettis, comme les citoyens, exige la destruction de l'esclavage.

Nous avons montré que cette destruction ne nuiroit ni au commerce, ni à la richesse de chaque nation, puisqu'il n'en resulteroit aucune diminution dans la culture.

Nous avons montré que le maître n'avoit aucun droit sur son esclave, que l'action de le retenir en servitude n'est pas la jouissance d'une propriété, mais un crime ; qu'en affranchissant l'esclave, la loi n'attaque pas la propriété, mais cesse de tolerer une action qu'elle auroit dû punir par une peine capitale. Le Souverain ne doit donc aucun dédommagement au maître des esclaves, de même qu'il n'en doit pas à un voleur, qu'un jugement a privé de la possession d'une chose volée. La tolerance publique d'un crime absout de la peine, mais ne peut former un véritable droit sur le profit du crime.

Le Souverain peut, à plus forte raison, mettre à l'esclavage toutes les restrictions qu'il jugera convenables, & assujettir le maître aux taxes, aux gênes qu'il voudra lui imposer. Une taxe sur les terres, sur les personnes, sur les consommations, peut être injuste, parce qu'elle attaque la propriété & la liberté, toutes les fois qu'elle n'est pas une condition, ou nécessaire au maintien de la société, ou utile à celui qui paye l'impôt. Mais, puisque les possesseurs d'esclaves n'ont point sur eux un véritable droit de propriété, puisque la loi qui les soumettroit à des taxes, leur conserveroit la jouissance d'une chose, dont non-seulement elle a droit de les priver, mais que le législateur est même obligé de leur ôter, s'il veut être juste: cette loi ne sauroit être injuste à leur égard, par quelque sacrifice pécuniaire qu'elle leur fît acheter une plus longue impunité de leur crime.

VIII.

Examen des raiſons qui peuvent empêcher la puiſſance légiſlatrice des Etats où l'eſclavage des Noirs eſt toléré, de remplir par une loi d'affranchiſſement général le devoir de juſtice qui l'oblige à leur rendre la liberté.

POUR que l'affranchiſſement n'entraînât après lui aucun déſordre, il faudroit :

1°. Que le gouvernement pût aſſurer la ſubſiſtance aux vieux Negres & aux Negres infirmes ; que dans l'état actuel, leurs maîtres ne laiſſent pas, du moins abſolument, mourir de faim (*).

2°. Qu'on pourvût à la ſubſiſtance des Negres orphelins.

3°. Qu'on aſſurât, du moins pour une

(*) Voyez l'ouvrage intitulé, *Voyage à l'Isle de France*, par un Officier du Roi : c'eſt un des ouvrages où la maniere dont les Negres ſont traités eſt expoſée avec le plus de vérité.

année, le logement & la ſubſiſtance à ceux des Negres valides qui, dans cet inſtant de criſe, n'auroient pas trouvé à ſe louer, par un traité libre, à des poſſeſſeurs d'habitations.

A la vérité, on auroit droit d'exiger que les frais de ces établiſſemens fuſſent faits aux dépens des maîtres. Ils doivent des alimens aux Negres qui ont perdu, à leur ſervice, ou leur ſanté, ou la partie de leur vie qu'ils pouvoient donner au travail. Ils doivent des alimens aux enfans, dont les peres morts dans leurs fers, n'ont pu laiſſer d'héritage. Ils doivent des alimens pour un tems à tous leurs eſclaves, parce que la ſervitude les a empêchés de ſe procurer les avances néceſſaires pour attendre le travail. Ces obligations ſont ſtrictes, indiſpenſables; & ſi le gouvernement s'en chargeoit, à la place des maîtres, ce ſeroit une ſorte d'injuſtice qu'il feroit au reſte de la nation, en faveur des colons, il aggraveroit le fardeau des impôts ſur des innocens, pour épargner les coupables. Auſſi, le ſeul moyen juſte & compatible avec l'état où ſe trouveroient alors les poſſeſſeurs des Negres, ſeroit un emprunt public, rembourſable par un un impôt, levé ſur les ſeules terres des colons.

4°. Comme il ſeroit à craindre que les Negres, accoutumés à n'obéir qu'à la force & au caprice, ne puſſent être contenus, dans le premier moment, par les mêmes loix que les Blancs; qu'ils ne formaſſent des attroupemens, qu'ils ne ſe livraſſent au vol, à des vengeances particulieres & à une vie vagabonde dans les forêts & les montagnes; que ces déſordres ne fuſſent fomentés en ſecret par les Blancs, qui eſpéreroient en tirer un prétexte pour obtenir le rétabliſſement de l'eſclavage: il faudroit aſſujettir les Negres, pendant les premiers tems, à une diſcipline ſévere, réglée par des loix: il faudroit confier l'exercice du pouvoir à un homme humain, ferme, éclairé, incorruptible, qui ſut avoir de l'indulgence pour l'ivreſſe où ce changement d'état plongeroit les Negres; mais ſans leur laiſſer l'eſpérance de l'impunité, & qui mépriſât également l'or des Blancs, leurs intrigues & leurs menaces.

5°. Il faudroit peut-être ſe reſoudre à perdre, en partie, la récolte d'une année. Ce n'eſt point par rapport aux propriétaires que nous considerons cette perte comme un mal. Si un homme a labouré son champ avec des chevaux qu'il a volés, & qu'on le force à les restituer, personne n'imaginera de le plaindre de ce que son champ restera en friche l'année d'après. Mais il résulteroit, de cette diminution de récolte, un enchérissement de la denrée, une perte pour les créanciers des colons. Nous sentons que de pareilles raisons ne peuvent contre-balancer les raisons de justice, qui obligent le législateur, sous peine de crime, à détruire un usage injuste & barbare. Qui s'aviseroit de tolerer le vol, parce que les effets volés se vendent meilleur marché? Qui oseroit mettre en balance l'obligation rigoureuse de restituer, qu'on force un voleur de remplir, avec le risque que cette restitution pourroit faire essuyer à ses créanciers? Nous n'ignorons point enfin que cette perte, aussi bien que le défaut d'ouvrages, qui pourroit, dans les premiers instans, exposer une partie des Negres à la misere ou au crime, seroit, non l'effet nécessaire de la révolution, mais la suite de l'humeur des propriétaires, & nous n'en parlons que pour ne passer sous silence aucun des inconvéniens dont un affranchissement général pourroit être suivi.

6°. On ne peut dissimuler que les Negres n'aient en général une grande stupidité : ce n'est pas à eux que nous en faisons le reproche, c'est à leurs maîtres. Ils sont baptisés, mais dans les colonies romaines on ne les instruit point du peu de morale que renferment les catéchismes vulgaires de cette église. Ils sont également négligés par nos ministres. On sent bien que les maîtres n'ont eu garde de s'occuper de leur inspirer une morale fondée sur la raison. Les relations de la nature ou n'existent point, ou sont corrompues dans les esclaves. Les sentimens naturels à l'homme, ou ne naissent point dans leur ame, ou sont étouffés par l'oppression. Avilis par les outrages de leurs maîtres, abattus par leur dureté, ils sont encore corrompus par leur exemple. Ces hommes sont-ils dignes qu'on leur confie le soin de leur bonheur & du gouvernement de leur famille ? ne sont-ils pas dans le cas des infortunés, que des traitemens barbares ont, en partie, privés de la raison ; & dès lors, quelle que soit la cause qui les ait rendus incapables d'être hommes, ce que le législateur leur doit, c'eſt moins de leur rendre leurs droits que d'aſſurer leur bien-être.

Telles ſont les raiſons qui nous ont fait croire, que le parti de ne point rendre à la fois, à tous les Negres, la jouiſſance de leurs droits, peut n'être pas incompatible avec la juſtice. Ces raiſons paroîtront, ſans doute, très-foibles aux amis de la raiſon, de la juſtice & de l'humanité. Mais un affranchiſſement général demanderoit des dépenſes, des préparatifs; il exigeroit, dans ſon exécution, une ſuite & une fermeté, dont un très-petit nombre d'hommes feroient capables. Cependant il faudroit que pluſieurs hommes réuniſſent à ces qualités le déſintéreſſement, l'amour du bien & le courage, il faudroit que ſa révolution fût l'effet de la volonté propre d'un Souverain, appuyée par l'opinion publique, ou de celle d'un corps légiſlatif dont l'eſprit fût conſtant. Car ſi le plan, ſi l'exécution dépendent de la volonté d'un ſeul homme, de l'activité de quelques coopérateurs, bientôt tous éprouveroient le ſort que le genre humain, toujours ignorant & barbare, a fait éprouver à quiconque a oſé défendre le foible contre le fort, & oppoſer la juſtice à l'eſprit d'avidité & d'intérêt ; & cet exemple effrayant, joint aux préjugés que les partiſans des abus ont ſu répandre contre les nouveautés, ſuffiroit pour prolonger de pluſieurs ſiecles l'eſclavage des Negres.

IX.

Des moyens de détruire l'esclavage des Negres par degrés.

Si les raisons que nous venons d'exposer paroissent suffisantes pour ne point employer le seul moyen de détruire l'esclavage, qui soit rigoureusement conforme à la justice ; il y en a d'autres qui peuvent, du moins à la fois, adoucir l'état des Negres dès les premiers instans, & procurer la destruction entiere de l'esclavage à une époque fixe & peu éloignée. Mais si nous les proposons, c'est en gémissant sur cette espece de consentement forcé que nous donnons pour un tems à l'injustice, & en protestant que c'est la crainte seule de voir traiter l'affranchissement général comme un projet chimérique, par la plupart des politiques, qui nous fait consentir à proposer ces moyens.

1°. Il ne peut y avoir, pour les gouvernemens, aucun prétexte pour tolerer, ni la traite des Negres faite par les négocians nationaux, ni aucune importation d'esclaves. Il faut donc défendre absolument cet horrible trafic, mais ce n'est point comme contrebande qu'il faut le prohiber, c'est comme crime; ce n'est point par des amendes qu'il faut le punir, mais par des peines corporelles & déshonorantes. Celles que, dans chaque pays on décerne contre le vol, pourroient suffire. Nous ne faisons, sans doute, aucune comparaison entre un voleur, & un homme qui trafique de la liberté d'un autre homme, qui enleve de leur patrie les hommes, les femmes, les enfans; les entasse, enchaînés deux à deux, dans un vaisseau, calcule leur nourriture, non sur leurs besoins, mais sur son avarice; qui leur lie les mains pour les empêcher de mourir; qui, s'il est pris de calme, jette tranquillement à la mer ceux dont la vente seroit le moins avantageuse, comme on se débarrasse d'abord des plus viles marchandises. On peut commettre des vols & n'avoir point étouffé tous les sentimens de l'humanité, tous les penchans de la nature, sans avoir perdu toute élévation d'ame, toute idée de vertu; mais il ne peut rester à un homme qui fait le commerce des Negres, ni aucun ſentiment, ni aucune vertu, ni même aucune probité; s'il en conſervoit quelque apparence, ce ſeroit de cette probité des brigands, qui fideles à leurs coupables engagemens, bornent leur morale à ne point ſe voler entr'eux. Cette premiere diſpoſition de la loi adouciroit le ſort des Negres dans le premier moment, parce que les propriétaires auroient un intérêt beaucoup plus grand de conſerver leurs eſclaves (*).

La ſeconde diſpoſition auroit pour objet l'affranchiſſement des Negres qui naiſſent dans

---

(*) Pluſieurs des colonies Angloiſes de l'Amérique Septentrionale ont prohibé l'importation des Negres, il y a déja quelques années. Ce n'eſt pas le ſeul exemple d'humanité & de raiſon qu'elles donneront à l'Europe, ſi leurs préventions en faveur de la conſtitution & des principes politiques de l'Angleterre, ſi les préjugés de l'eſprit mercantile, ſi la fureur pour le papier-monnoie & l'agiotage des effets de banque, n'y viennent pas détruire les ſentimens d'amour de la paix, de reſpect pour l'humanité, de tolérance, de zele pour le maintien de l'égalité, qui paroiſſent caractériſer ce bon peuple.

les habitations, & qu'on ne peut avoir aucun prétexte de ſoumettre à l'eſclavage. Un officier général de la marine de France, diſtingué par ſes lumieres & ſon humanité (*), a

(*) M. de Bori, chef d'eſcadre, ci-devant gouverneur des Iſles françoiſes. Il y a quelque tems que les habitans de la Jamaïque s'aſſemblerent pour prononcer ſur le ſort des mulâtres, & pour ſavoir ſi, attendu qu'il étoit prouvé phyſiquement que leur pere étoit Anglois, il n'étoit pas à propos de les mettre en jouiſſance de la liberté & des droits qui doivent appartenir à tout Anglois. L'aſſemblée penchoit vers ce parti, lorſqu'un zélé défenſeur des privileges de la chair blanche s'aviſa d'avancer que les Negres n'étoient pas des êtres de notre eſpece, & de le prouver par l'autorité de Monteſquieu; alors il lut une traduction du chapitre de l'*Eſprit des loix* ſur l'eſclavage des Negres. L'aſſemblée ne manqua point de prendre cette ironie ſanglante contre ceux qui tolerent cet exécrable uſage, ou qui en profitent pour le véritable avis de l'auteur de l'*Eſprit des loix*; & les mulâtres de la Jamaïque reſterent dans l'oppreſſion. Cette anecdote m'a été certifiée par M. d'Hele, officier Anglois, connu en France par pluſieurs pieces qu'il a données à la comédie de Paris.

Chez les habitans des Philippines, les enfans naturels des femmes eſclaves naiſſent libres, & la

proposé de déclarer libres tous les enfans qui naîtroient mulâtres. En effet, ils n'ont été mis au nombre des esclaves que par une application ridicule de la loi romaine, *Partus ventrem sequitur.*

Il est singulier peut-être qu'une loi tyrannique, établie par des brigands sur les rives du Tibre, renouvellée par le mari d'une courtisanne sur les bords de la Propontide, fasse encore au bout de deux mille ans, des malheureux dans les mers de l'Amérique. Mais enfin cette loi ne pouvoit avoir qu'un motif, la certitude de la mere, & l'incertitude du pere : ici le pere est aussi certain que la mere, on sait qu'il est blanc, & libre par conséquent. La maxime, *Partus colorem*

---

mere le devient. A l'Isle de France l'un & l'autre sont esclaves. M. le Gentil y a vu avec horreur des peres vendre leur propre enfant avec la mere. Le Gentil, *Voyage dans les mers de l'Inde, Tome II, page* 72. Voyez ce qu'il dit dans le même volume des habitans de Madagascar ; c'est un nouveau déclamateur, dont il faut augmenter la liste de ceux qui ne trouvent pas que l'esclavage des Negres soit une invention fort juste, fort humaine & fort utile.

ſequitur, paroît donc bien plus juſte, & (puiſqu'il faut toujours citer quelques axiomes de droit) plus conforme à cette regle ſi ancienne, que, dans les cas douteux, la déciſion doit pencher vers la douceur & en faveur de l'opprimé.

Nous ne voyons à cette loi, juſte en elle-même, qu'un ſeul inconvénient, les traitemens barbares dont on accableroit les Negreſſes ſoupçonnées de porter dans leur ſein un enfant inutile à leur maître, les cruautés qu'on exerceroit ſur celles qui auroient été convaincues de ce crime, & la néceſſité d'avoir un établiſſement public pour ces enfans.

L'affranchiſſement de tous les enfans à naître, noirs ou mulâtres, a les mêmes inconvéniens. A la vérité, dans ce cas, l'intérêt bien entendu des maîtres ne feroit pas d'empêcher de naître des gens dont les bras doivent un jour leur devenir utiles; mais cette idée de ſe reſerver, pour un tems éloigné, un homme dont il faudroit payer le ſalaire, frapperoit moins un colon que la perte du travail des Negreſſes groſſes. Ainſi ces loix juſtes, dictées par l'humanité, deviendroient une ſource de crimes.

Nous proposerons donc, non d'affranchir les Negres à naître au moment de leur naissance, mais de laisser aux maîtres la liberté de les élever & de s'en servir comme esclaves, à condition qu'ils deviendront libres à l'âge de trente-cinq ans; le maître étant obligé, à cette époque de liberté, de leur avancer les vivres, l'entretien pour six mois, & une pension alimentaire pour la vie, s'ils sont estropiés ou jugés hors d'état de travailler, par un médecin chargé de cette inspection. Si le maître refusoit de se charger de l'enfant, il seroit déclaré libre, & porté à un établissement public. La mere seroit transportée au même établissement avant l'époque de ses couches, & y resteroit une année après l'accouchement; terme auquel on fixeroit le tems nécessaire pour allaiter son enfant; cette perte de travail seroit un petit sacrifice que les colons feroient à l'humanité, & une bien foible compensation pour tant d'outrages.

On auroit sans doute tout lieu de craindre, que les maîtres qui ne voudroient pas se charger d'enfans, ne fissent avorter les Negresses à force de travaux ou de mauvais traitemens. On peut diminuer ce danger, en ordonnant, chaque deux mois, une visite dans toutes les habitations; cette visite, faite par un médecin ou un chirurgien, accompagné d'un homme public, constateroit l'état de grossesse de chaque Negresse. Dans le cas où l'avortement auroit lieu, si les gens de l'art, destinés à cette fonction, étant appellés à tems, le jugeoient produit par la fatigue ou par les mauvais traitemens, la Negresse seroit guérie aux dépens du maître, déclarée libre, & le maître condamné à lui payer des alimens, soit pour le tems où il sera jugé qu'elle est hors d'état de travailler, & pour six mois de plus; soit pour la vie, si ses infirmités sont incurables. Si l'on ne représentoit point l'enfant d'une Negresse, inscrite parmi les femmes grosses, & que le médecin n'eut pas été appellé pour constater la naissance de l'enfant ou l'avortement; la Negresse seroit déclarée libre. Il n'y auroit point d'injustice dans cette loi, le législateur ayant non-seulement le droit, mais étant obligé, par la justice, de détruire tout esclavage. L'affranchissement d'une Negresse, fait sans motifs, ou même en vertu d'une erreur, eſt toujours une choſe juſte. Le maître eſt dans le cas d'un homme à qui l'on auroit permis de voler, ſur un grand chemin, toutes les femmes qui ne ſeroient pas groſſes, & à qui on feroit reſtituer ce qu'il a volé à l'une d'elles, parce qu'on ſe ſeroit trompé ſur ſon état. Quant aux alimens exigés du maître, quelle que ſoit la cauſe de l'état d'infirmité où ſe trouve un eſclave, il eſt de l'exacte juſtice d'obliger le maître à lui donner des alimens, parce que l'on peut toujours ſuppoſer que ſi l'eſclave eût été libre, & né de parens libres, il eût pu épargner ou hériter un pécule ſuffiſant pour ſubvenir à ſes beſoins.

On déclareroit libres à quarante ans, les Negres qui ſeroient au-deſſous de quinze ans, au moment de la publication de la loi. Quant à ceux qui ſeroient alors au-deſſus de quinze ans, du moment où ils auroient atteint cinquante ans, il leur ſeroit demandé, à une viſite générale faite deux fois chaque année, ce qu'ils préferent, ou de reſter chez leur maître, ou d'entrer dans un établiſſement public, dans lequel ils ſeroient nourris; & s'ils choiſiſſent cette maiſon, leur maître qui a profité du travail de toute leur vie, feroit obligé de payer une penfion annuelle, fixée par la loi. Cette condition ne feroit pas injufte à l'égard du maître; après avoir exercé, pendant cinquante ans, une injuftice horrible fur ces malheureux, après avoir profité plus de trente ans de leur travail, il leur doit, en vertu du droit de la nature, & indépendamment de toute loi, non-feulement la nourriture, mais un dédommagement. Cependant nous refpectons trop l'avarice des maîtres pour rien demander au-delà de la plus fimple nourriture.

On pourroit craindre que ce changement ne rendît plus dur le fort des Negres actuellement efclaves. Ainfi il y faudroit pourvoir par une autre difpofition de la loi. Dans les vifites faites chaque deux mois, tout Negre, fur le corps duquel le médecin trouveroit des marques de mauvais traitemens, feroit déclaré libre, tout Negre malade, & qui manqueroit des fecours néceffaires, d'après l'examen du médecin, feroit déclaré libre, tranfporté hors de l'habitation, guéri aux dépens du maître, & nourri à fes frais, jufqu'à ce qu'il fût en état de travailler. En général, la pension de tout Negre hors d'état de travailler, feroit toujours, ou pour tout le tems que peut durer son infirmité, ou pour la vie, s'il est assez malheureux pour que son infirmité ne puisse avoir d'autre terme. Si le Negre déclaré libre est encore enfant, ou s'il est au-dessus de quarante-cinq ans, le maître sera condamné à lui payer chaque année la somme que peut valoir la nourriture d'un Negre, ou jusqu'à l'âge de quinze ans, ou jusqu'à sa mort.

Nous ne parlons, dans ce dernier article, que des Noirs qui peuvent rester esclaves à perpétuité, & de leurs enfans. Les esclaves engagés jusqu'à trente-cinq ans sont des citoyens capables d'avoir action devant les tribunaux, pour forcer leurs maîtres à tenir les conventions faites en leur nom par la loi, ou les faire punir de les avoir violées; ils peuvent donc demander également justice pour leurs enfans. Ainsi, non-seulement il faudroit que cette classe de Negres obtint la liberté & les dédommagemens dans le même cas que les autres, mais on ne pourroit leur ôter le droit d'appeller leurs maîtres devant les tribunaux lorsqu'ils se croiroient lézés.

En

En effet, ils ne ſont point réellement eſclaves, ils ne ſont que des domeſtiques engagés à tems.

On regleroit pour eux une forme de mariage, pour laquelle, pendant le tems de l'engagement, le conſentement du maître feroit néceſſaire ſi les deux époux n'étoient pas ſur ſon habitation, ou que l'un d'eux fût eſclave non engagé. La naiſſance, la mort de chaque Negre ſeroit conſtatée légalement; tout Negre que l'on trouveroit dans une habitation, ſans que ſa naiſſance fût conſtatée, ſeroit déclaré libre. Si un Negre, homme ou femme, a diſparu, ſans que le maître puiſſe prouver qu'il a pris la fuite, l'officier public délivrera, à ſon choix, deux eſclaves du même ſexe, entre vingt & trente ans (*). Le maître ſera tenu de nourrir les

(*) Il n'eſt peut-être pas inutile de répéter ici que cette diſpoſition n'eſt point injuſte, quand même le maître ſeroit innocent de la diſparition de l'eſclave; en effet, comme on l'a déja dit, ce n'eſt pas ſeulement deux eſclaves, mais tous les eſclaves, que le légiſlateur a le droit, & même eſt dans l'obligation d'affranchir.

enfans des esclaves engagés à tems, puisqu'il a profité & qu'il profite encore du travail de leurs parens. Ces enfans deviendroient libres à l'époque de la liberté de leur pere; & à celle de la liberté de leur mere, si le pere étoit mort esclave, ou qu'il fût de la classe des esclaves perpétuels; ou enfin, que l'enfant fût illégitime.

Ce seroit à l'âge de dix-huit ans qu'on accorderoit aux enfans mâles ou femelles des Negres esclaves perpétuels, le droit d'intenter une action personnelle contre leur maître.

Si l'action étoit admise, ils seroient, pendant la durée de l'action, placés aux dépens du maître, dans un établissement public.

Il y auroit dans chaque colonie, ou dans chaque canton, un officier public chargé spécialement de défendre les causes des Negres, & le même officier seroit le tuteur des enfans des Negres esclaves au-dessous de dix-huit ans, & pourroit poursuivre les maîtres lorsqu'il jugeroit que leur délit ne seroit point assez puni par l'affranchissement de ces enfans engagés, & la condamnation à leur payer des alimens.

Enfin, on formeroit un tarif, fixant le prix moyen de la valeur d'un Negre, suivant les differens âges, pour les differentes époques d'engagement; & tout Negre qui offriroit, ou pour qui on offriroit à ſon maître la ſomme fixée par le tarif, ſeroit libre du moment où l'offre ſeroit dépoſée chez un officier public. Cet article auroit ſur-tout l'avantage de délivrer les Negreſſes de tout ce que la débauche & la férocité de leurs maîtres les expoſent à ſouffrir. L'humanité ou même l'incontinence les auroient bientôt délivrées; car ce ne ſeroit point pour les faire changer d'eſclavage, mais ſeulement pour les affranchir, qu'il ſeroit permis de les racheter. Si, après avoir eu connoiſſance du dépôt fait chez l'officier public, un homme détenoit l'eſclave contre ſa volonté; s'il retenoit un eſclave au-deſſus du terme que la loi a fixé à l'eſclavage, alors, & dans tous les cas ſemblables, le maître ſe ſeroit rendu coupable du crime de retenir un homme libre dans l'eſclavage, & devroit être puni comme pour un vol.

Cette légiſlation n'auroit aucun des inconvéniens qu'on ſuppoſe toujours aux changemens trop brusques, puisque les affranchissemens ne se feroient que peu à peu. Elle donneroit à la fois, aux colons, le tems de changer insensiblement leur méthode de cultiver, de se procurer les moyens de faire exploiter leurs terres, soit par des Blancs, soit par des Noirs libres, & au gouvernement, celui de changer le systême de la police & de la législation des colonies.

Il en résulteroit, qu'en portant à cinquante ans le terme de la fécondité des Negresses, & à soixante-cinq celui de la vie des Negres, il ne resteroit plus aucun esclave dans les colonies au bout de soixante & dix ans; que la classe des Negres, esclaves pour leur vie, finiroit au bout de cinquante; qu'à cette époque même, celle des Negres engagés seroit peu nombreuse; qu'enfin, après trente-cinq à quarante ans, le nombre des Negres esclaves seroit presque anéanti, & même celui des Negres engagés dans l'esclavage pour un tems, réduit tout au plus au quart du nombre actuel.

X.

Sur les projets pour adoucir l'esclavage des Negres.

NOUS avons proposé les loix qui nous ont paru les plus sûres pour détruire graduellement l'esclavage, & pour l'adoucir tant qu'il subsistera. On pourroit imaginer que des loix semblables aux dernieres seroient capables, non de rendre l'esclavage légitime, mais de le rendre moins barbare & compatible, sinon avec la justice, du moins avec l'humanité.

Nous croyons de pareilles précautions insuffisantes pour adoucir l'esclavage, elles ne peuvent être utiles qu'autant qu'elles ne seront établies que pour un espace de tems limité, & qu'elles ne feront qu'accompagner un systême d'affranchissement. Dans les moyens que nous avons employés, la seule peine du maître est la liberté de l'esclave, ou tout au plus une petite pension; & comme nous l'avons dit, l'une & l'autre sont exigibles dans l'ordre de la justice naturelle, quand même le maître n'auroit jamais abusé de son pouvoir. Ce sont des dédommagemens nécessaires du tort qu'il a fait à son esclave en le retenant dans l'esclavage, crime qui n'a pas besoin d'une information pour être constaté. Cette nécessité de reparer le crime qu'on a commis est une conséquence du droit naturel, & n'a besoin d'être reglée d'avance par aucune loi. Ainsi il est juste de condamner celui qui enleve à son semblable l'usage de la liberté, à reparer son tort, sans qu'il ait été nécessaire de l'avertir par aucune loi qu'il s'expose à cette condamnation en commettant le crime ; ou de prouver qu'il a joint à ce premier crime, ou des outrages, ou de mauvais traitemens. Mais pour infliger d'autres peines que cette réparation, il faut, 1°. qu'elles aient été établies par une loi expresse, antérieure au crime, 2°. que l'action particuliere pour laquelle on les inflige, ait été légalement prouvée. Cependant ces simples reparations ne seroient pas une peine suffisante pour arrêter les violences des maîtres. Un homme qui aura fait donner la question à ses Negres, qui les aura fait brûler à petit feu, mérite des punitions d'un autre ordre ; or, pour lui infliger ces punitions, il ne suffit point de les établir par une loi, il faut que le crime soit prouvé. Seroit-il juste d'admettre, dans ce cas, le témoignage des Negres contre leurs maîtres. Quelques publicistes pourroient le penser. Ils diroient : *Les maîtres n'ont aucun droit d'avoir des esclaves ; on consent qu'ils en aient, à condition que, s'ils sont accusés d'un crime contre un de leurs esclaves, ils pourront être condamnés par le témoignage des autres. C'est librement, c'est pour se conserver le droit, si cher à leurs yeux, de violer tous les droits de la nature, qu'ils s'exposent à ne plus jouir des précautions que la loi a prises pour défendre la sureté des citoyens. Qu'ils affranchissent leurs esclaves, qu'ils soient justes, & la société le sera avec eux.* Nous croyons qu'on peut opposer à ce raisonnement, non-seulement l'injustice d'une telle loi, qui suit évidemment des principes que nous avons établis *page 8*, mais l'encouragement qu'elle donneroit aux vices des esclaves. D'un autre côté, si on n'admet pas le témoignage des Negres, toute preuve de délits commis par le maître devient impossible.

D'ailleurs, toute loi qui tendra à adoucir l'esclavage, tombera en désuétude : les hommes chargés de veiller à son exécution, iront-ils poursuivre le colon dont ils veulent épouser la fille, avec qui ils passent leur vie, pour soulager de miserables Negres ? A-t-on vu quelque part le pauvre obtenir justice contre le riche, toutes les fois qu'il n'y a point plus à gagner à poursuivre le riche qu'à se laisser corrompre ? A-t-on vu ailleurs que dans les gouvernemens populaires, le foible obtenir justice contre le fort ? Plus la loi seroit sévere contre le maître, moins elle seroit exécutée.

Les hommes (s'il peut être permis de leur donner ce nom) les hommes qui osent assurer dans des livres, & sur-tout dans des mémoires présentés aux gouvernemens, que l'esclavage des Negres est nécessaire, ne manquent guere d'ajouter à leurs ouvrages un petit projet de loix, pour adoucir le sort des malheureux qu'ils outragent : mais eux-mêmes ne croient pas à l'efficacité de ces loix, & ils ajoutent l'hypocrisie à la barbarie. Ils savent bien que tout cet appareil ne sauvera pas aux Negres un seul coup de fouet, n'augmentera point d'une once leur miserable nourriture. Mais, colons eux-mêmes, ou vendus aux colons, ils veulent du moins endormir les gouvernemens, arrêter le zele de ceux des gens en place dont l'ame ne s'est pas dégradée au point de regarder comme honnête tout ce qu'il est d'usage de laisser impuni. Ils semblent craindre, tant ils font honneur à leur siecle, que les gouvernemens n'aient pas assez d'indifférence pour la justice, & que la raison & l'humanité n'aient trop d'empire.

Les loix mêmes que nous avons proposées, quelques douces qu'elles soient, ne seroient pas exécutées si elles étoient perpétuelles, si elles exigeoient d'autres preuves qu'une simple inspection, ou l'avis d'un médecin. Ce n'est pas au hasard que nous avons fait dépendre, d'un homme de cet état, l'exécution de cette partie des loix. C'est dans cette classe seule, qu'on peut espérer de trouver dans les colonies, de l'humanité, de la justice, des principes de morale. Les magistrats, les employés des différentes puissances, sont tous des hommes qui vont chercher aux Isles une fortune à laquelle ils ne peuvent prétendre en Europe (*). S'ils ne sont pas des intriguans déja déshonorés, du moins ils sont tirés de cette classe d'hommes avides, remuans & sans moyens, qui produit les intriguans.

Quelques officiers François ont apporté dans leurs colonies une ame pure; mais plus occupés du militaire que des loix, faciles à se laisser séduire par l'hypocrisie des colons,

---

(*) Tout homme né sans bien, & qui acquiert une grande fortune, est nécessairement un homme avide, peu délicat sur les moyens d'acquerir, qui a sacrifié son plaisir & son repos à son avarice; plus les moyens de s'enrichir lui ont couté de soins, plus il a été obligé de s'occuper d'affaires d'argent; plus il est certain que l'amour des richesses est sa passion dominante. Or les ames attaquées de cette passion peuvent prendre le masque de toutes les vertus, & même du désintéressement, mais elles n'en ont réellement aucune. Si vous n'avez besoin que d'une probité commune, on en trouve dans tous les états, dans toutes les fortunes, mais si vous exigez quelque chose de plus, ne le cherchez jamais parmi les hommes, qui ayant passé de l'indigence à une fortune médiocre pour leur état, ne s'y sont pas arrêtés.

Nous ne parlons point ici des hommes qui doivent l'augmentation de leur fortune à l'économie.

révoltés de la corruption des Negres, qui savent moins cacher leurs vices, & trop peu philosophes pour sentir que cette corruption n'est qu'une raison de plus pour les plaindre & pour haïr leurs tyrans ; liés avec ces tyrans par le sang, par l'intérêt, par l'habitude, ils ont, ou cédé au préjugé qui fait croire l'esclavage nécessaire, ou manqué du courage qu'il faut avoir pour s'occuper des moyens de détruire la servitude des Negres. Tel ne craint point la mort, qui craint de déplaire à ceux dont il est entouré ; tel brave le canon dans une bataille, qui n'osera braver des ennemis secrets, accoutumés à se jouer de l'humanité. Les Prêtres chrétiens, établis dans les Isles, soit Evangeliques, soit Romains, sont des intriguans, des fanatiques ou des ignorans. S'ils connoissoient les principes de leur religion, s'ils avoient le courage de les suivre dans la pratique, les ministres du Saint Evangile recevroient-ils les colons à la sainte-Cene ? Les prêtres de l'église romaine les admettroient-ils à l'Eucharistie, leur donneroient-ils l'absolution ? Est-ce que les colons, possédant des esclaves, ne sont pas des pécheurs publics, des hommes souillés d'un crime public, qu'ils renouvellent tous les jours. Il n'y a pas de milieu, tout prêtre chrétien qui ne refuse pas, soit la sainte Cene, soit l'absolution à un possesseur d'esclaves, ou n'a point l'idée des devoirs de son état, ou a vendu sa conscience à l'iniquité (*).

Parmi les médecins qui passent la mer, il y en a un grand nombre qui n'ont été entraînés que par l'envie de voir des choses nouvelles, & si le gouvernement les choisit avec soin, il peut trouver parmi eux des véritables amis de l'humanité. Il suffiroit ensuite d'avoir, dans chaque colonie, un défenseur de la cause des Negres, & alors l'on pourroit se flatter que les loix, en leur faveur, seroient exécutées. Cette derniere condition

---

(*) Quoique ministre d'une autre communion, nous croyons devoir rendre justice à un moine François, de l'ordre des freres prêcheurs. Dans un ouvrage publié il y a quelques années, sur la colonie de St. Domingue, il a eu le courage de présenter un tableau vrai de l'horrible barbarie exercée contre les Negres, & une réfutation des calomnies que leurs maîtres s'occupent d'accréditer contre eux en Europe.

ſeroit-elle impoſſible à remplir, & ne trouveroit-on pas, dans toute l'Europe, une douzaine d'hommes qui n'aimaſſent point l'or, & qui ne craigniſſent point le ſuc de manioc?

D'ailleurs, en ſuppoſant que les colons trouvâſſent des moyens d'éluder, en grande partie, les loix que nous avons propoſées, du moins la durée de l'eſclavage ne peut ſe prolonger au-delà de ſoixante & dix ans. La loi qui permettroit aux Negres d'acheter leur liberté, & aux hommes libres de racheter les Negres, ſuivant un tarif; la loi qui déclareroit libres les Negres à un certain âge, celle qui affranchiroit leurs enfans avec eux, toutes ces diſpoſitions ne peuvent être éludées que par une prévarication ouverte de la part des juges; & le crime que commettroit le colon, en retenant des Negres libres, pourroit être prouvé par des preuves juridiques, ſans avoir recours, ni aux témoignages des Noirs, ni aux dépoſitions plus ſuſpectes encore, des Blancs. Ainſi, du moins les maux que les autres diſpoſitions de la loi n'auront pu empêcher, auront un terme; le nombre des Negres eſclaves, & par conſéquent le nombre des crimes, diminueroit chaque année, & les loix d'adouciſſement, ne ſauvaſſent-elles qu'une ſeule victime, elles auroient encore produit un grand bien. En un mot, ſi l'eſclavage reſte perpétuel, l'appareil d'une légiſlation douce, en faveur des Negres, peut produire un bien momentané & foible, mais le mal demeure éternel : ici au contraire c'eſt le bien qui ſera éternel, & le défaut d'exécution dans la loi peut rendre les progrès du bien plus ou moins lents, mais non les arrêter.

X I.

De la culture après la destruction de l'esclavage.

IL faut confidérer ici féparément la culture par les Negres libres, & la culture par les Blancs libres ; en effet, il y aura néceffairement dans chaque colonie, pendant les premiers tems, deux peuples dont la nourriture, les habitudes & les mœurs feront différentes. Au bout de quelques générations, à la vérité, les Noirs fe confondront abfolument avec les Blancs, & il n'y aura plus de différence que pour la couleur. Le mélange des races fera enfuite difparoître à la longue, même cette derniere différence.

Les Negres efclaves tirent en général la plus forte partie de leur nourriture de terreins qu'on leur abandonne pour les cultiver. La même quantité de terrein les nourriroit libres comme efclaves. On fournit, de plus, au Negre efclave, quelques alimens tirés du dehors, quelques vêtemens, & le terrein où il se construit une chaumiere. Il faudroit que le Negre libre pût, sur son salaire, se procurer un équivalent. Le Negre esclave a coûté à son maître le prix de sa valeur, le Negre libre ne lui a rien coûté, mais il faut que son salaire soit suffisant pour entretenir sa famille. Ces deux objets peuvent se compenser. En effet, dans l'ordre naturel, un homme & une femme produisent un garçon & une fille; or, la somme que coûte la nourriture d'un garçon & d'une fille jusqu'au tems où ils peuvent gagner leur subsistance par le travail, jointe à ce qu'a pu coûter la nourriture des enfans de la même famille qui sont morts en bas âge, doit être égale ou inférieure à la somme que coûtent un Negre ou une Negresse, sans quoi il y auroit plus d'avantage à acheter des Negres qu'à en élever, ce qui n'est pas. S'il faut que le Negre libre gagne de quoi secourir ses parens dans la vieillesse, ou épargner une ressource pour la sienne, il faut que le maître nourrisse le vieux Negre. La culture par des Negres libres n'est donc pas nécessairement plus chere que par des esclaves. Elle ne l'est, comme nous l'avons dit, que parce que le partage du produit brut

brut se fait dans l'état de liberté, en vertu d'une convention libre, & dans l'esclavage, au gré de l'avarice du maître ; que dans l'état de liberté, c'est la concurrence réciproque des travailleurs & des propriétaires qui fixe le prix des salaires, & non le calcul que fait l'avidité, de l'état de détresse où l'on peut reduire un homme, sans diminuer en plus grande proportion la quantité de travail qu'on peut obtenir de lui à coups de fouet. Mais il ne faut pas s'imaginer que la difference de prix entre les deux cultures soit aussi grande qu'on le croiroit d'abord.

1°. Les terres abandonnées aux Negres pour leur nourriture sont mal cultivées, & elles le seroient mieux, si elles leur étoient affermées comme à des colons libres.

2°. La maniere d'exploiter les terres changeroit à l'avantage du propriétaire, il ne seroit plus obligé de faire valoir par lui-même. Les dépenses de la fabrique du sucre, les embarras de la vente, les avaries ne seroient plus supportés directement par lui, mais par des fermiers, des manufacturiers, des commerçans, pour qui les dépenses de ce genre sont toujours bien moins considérables, &

qui laisseroient aux propriétaires une partie de ce qu'ils gagneroient sur ces objets. Dans ce système d'exploitation, il y auroit des hommes intéressés à perfectionner la culture, la fabrication des denrées & le profit qui résulteroit du progrès de ces arts, finiroit toujours par produire une augmentation de revenu pour le propriétaire.

3°. Les habitations seroient partageables; elles pourroient être affermées ou aliénées par parties, leur propriété pourroit devenir le gage des créanciers, & ce changement seroit à la fois un très-grand bien pour les familles des colons, & la source d'un meilleur emploi des terreins.

Ces avantages seroient lents, mais en suivant la marche lente d'affranchissement que nous avons proposée, les pertes des propriétaires seroient aussi successives, & cette perte seroit moindre qu'ils ne le croiroient. La plupart des Negres affranchis se loueroient à bon marché, parce que la plupart ne pourroient être employés à autre chose qu'à la culture, & que tous pouvant y être employés, ils seroient toujours dans le cas des simples journaliers, dont par-tout le salaire, par cette même raison, ne peut s'élever au-dessus de ce qu'exige le simple nécessaire. D'ailleurs, d'après des calculs qui nous ont été communiqués par un homme exact, nous avons jugé que la valeur des Negres employés sur une habitation, est à-peu-près égale au tiers du prix de cette habitation. Supposons donc que l'effet de notre législation soit de diminuer d'un tiers le revenu du maître, elle ne le diminuera que de la valeur des Negres, c'est-à-dire, de la valeur en argent du tort qu'il leur a fait en les privant de leur liberté. Il ne sera donc privé que de ce qu'il a usurpé par un crime, il n'aura réellement rien perdu, & par conséquent, si la perte reste au-dessous du tiers, le colon aura réellement gagné au changement d'administration.

Quant à la culture par les Blancs.

1°. Les colons pourroient établir sur leurs habitations des familles blanches, moyennant des engagemens semblables à ceux qui se font dans les colonies Angloises de l'Amérique septentrionale.

2°. Les gouvernemens à qui il reste encore, dans les Isles Françoises & Espagnoles, des terreins dont ils peuvent diſpoſer, pourroient y établir des familles de Blancs, en diviſant les terreins en petites propriétés. Dans les premiers tems il ſeroit néceſſaire, pour les travaux ſur le ſucre ou l'indigo, de s'arranger avec un négociant pour l'établiſſement d'un moulin ou d'une indigoterie publique.

3°. En France on pourroit permettre aux Proteſtans d'acquerir des habitations, avec la liberté de l'exercice public de leur religion dans chaque habitation, ou canton formé de pluſieurs habitations, qui occuperoit cent hommes, à la condition que ces cent hommes, Blancs ou Noirs, ſeroient libres. On pourroit permettre aux Juifs, aux mêmes conditions, d'acquerir des habitations, & d'y faire les cérémonies de leur culte. Les Anglois & les Hollandois pourroient accorder aux Juifs les mêmes avantages. Les Iſles à Negres d'Amérique ou d'Afrique étant alors le ſeul pays ſoumis à un gouvernement moderé où un Juif pût avoir une vraie propriété territoriale, cette offre pourroit les ſéduire, la condition de ne cultiver que par des hommes libres ne les effrayeroit pas, parce qu'il ſe trouve parmi eux un grand nombre d'individus pauvres & laborieux, qu'ils ſont naturellement ſobres & économes, & qu'il ne feroit pas difficile à des Juifs riches d'établir des peuplades ſur des terres diviſées entre des familles auxquelles ils avanceroient les premiers frais de culture & de tranſport, & avec leſquelles ils partageroient le produit. On pourroit même, pour augmenter la facilité, ne les obliger qu'à affranchir chaque année le ſixieme des eſclaves perpétuels, ou pour un tems qu'ils trouveroient dans une habitation déja établie. On entendroit par-là le ſixieme du nombre des Negres ou Negreſſes en état de travailler, qui ſe trouveroient la premiere année dans l'habitation, chaque famille emmenant avec elle ſes enfans au-deſſous de quinze ans. Par ce moyen l'affranchiſſement ſeroit encore très-prompt, & en même tems on donneroit au propriétaire un grand intérêt de conſerver ſes Negres, puiſque la totalité des morts ſeroit en pure perte pour lui.

Ces derniers moyens manqueroient à l'Eſpagne, mais l'Eſpagne ne peut avoir ni lumieres, ni richeſſes, ni population, ni puiſſance, tant qu'elle n'aura pas briſé les fers honteux où l'inquiſition y retient la raiſon & l'humanité.

La poſition de l'Eſpagne, l'étendue & la nature de ſon ſol, la fineſſe & l'élévation d'eſprit, la force & la grandeur d'ame, qualités naturelles à ſes habitans, en auroient dû faire une des premieres nations du globe. Mais quel eſpoir reſte-t-il à ce peuple infortuné, chez qui le reſtaurateur d'une province eſt condamné juridiquement à demander pardon aux moines du bien qu'il a fait aux hommes; où toute vertu publique eſt dangereuſe; où il n'y a de ſûreté que pour ceux qui s'agenouillent devant un capuchon, à moins qu'ils ne prennent l'emploi d'eſpions & de ſatellites du ſaint office; où cet infâme métier ne déshonore plus; où les généraux d'armées, les commandans des flottes n'oſent lire dans leur tente ou ſur leurs bords, que les livres qu'il plait à leur aumonier de leur laiſſer; où les ſoldats, les officiers, au lieu de féliciter ceux qui ont obtenu la gloire de mourir pour la patrie, s'occupent du riſque qu'ils ont couru en mourant ſans confeſſion? Qu'eſpérer pour une nation réduite à cet état, &

ſéduite par les moines, au point de conſerver encore ſon orgueil, & de ne ſentir ni ſon aviliſſement ni ſes malheurs? Heureuſe l'Eſpagne & l'Europe entiere, ſi Charles-Quint, au lieu d'écouter la fauſſe politique qui lui conſeilla de troubler l'Europe pour des querelles religieuſes, en le flattant d'élever par-là ſa puiſſance ſur les débris de ſes voiſins, il eut pris pour guide une raiſon plus éclairée, une politique plus ſaine, s'il n'eût vu dans Luther & ſes diſciples (*) que des réforma-

---

(*) On ne peut nier que les premiers réformateurs n'aient conſervé, en grande partie, l'eſprit fanatique & perſécuteur de l'égliſe Romaine. L'aſſaſſinat juridique de Servet, machiné de ſang-froid par Calvin, l'apologie que Beze en publia dans le tems même où la France étoit couverte d'échafauds, dreſſés pour les Calviniſtes, les ſupplices préparés en Angleterre aux Antitrinitaires : tous ces crimes ont déshonoré la naiſſance de la réformation. Mais il ne faut pas oublier que ce Luther, ſi violent dans ſes écrits, ſi emporté dans ſa conduite, ne perſécuta perſonne, que Mélancton prêcha la tolerance & la paix, que Zwingle, qui mourut en combattant pour ſon pays, eut le courage de s'élever publiquement dans ſes ſermons contre cet indigne uſage, ſi anteurs de l'églife, occupés d'en épurer le dogme, d'en corriger les abus & d'en arrêter les ufurpations; des hommes en un mot dont, pour le bonheur des peuples, comme pour l'intérêt des fouverains, les nations & les rois devoient fe faire un devoir de diriger le zele & de feconder le courage!

---

cien parmi nos compatriotes, de vendre leur fang pour des querelles étrangeres.

XII.

Réponſe à quelques raiſonnemens des partiſans de l'eſclavage.

SI ces réflexions obtiennent l'approbation des eſprits droits, des ames ſaines, l'auteur ſera plus que recompenſé. Mais il ne peut croire ſa tâche terminée, ſans avoir répondu à quelques raiſonnemens, d'autant plus faits pour ſéduire ceux qui ne réfléchiſſent pas, qu'ils portent avec eux l'air de la bonhomie & de cette bonne opinion de l'eſpece humaine, qui eſt devenue ſi à la mode, parce qu'on a trouvé très-commode de dire que le mal n'eſt pas dans la nature, pour être diſpenſé de l'empêcher ou de le réparer.

Après tout, dit-on, les Negres ne ſont pas ſi maltraités que l'ont prétendu *nos déclamateurs philoſophes*; la perte de la liberté n'eſt rien pour eux; au fonds ils ſont même plus heureux que les payſans libres de l'Europe; enfin leurs maîtres étant intéreſſés à les conſerver, ils doivent les ménager, du moins comme nous ménageons les bêtes de ſomme.

De ces quatre aſſertions, aucune n'eſt vraie, les Negres ſont beaucoup plus maltraités qu'on ne le croit en Europe; j'en juge, non par les livres qu'impriment leurs maîtres, mais par les aveux qui leur échappent; j'en juge par le témoignage d'hommes reſpectables que ce ſpectacle a rempli d'horreur. Je ne prends pas l'indignation qu'ils montrent pour de la déclamation, parce que je ne crois pas qu'un homme doive parler froidement d'excès qui revoltent la nature. Suivant le principe qu'adoptent les partiſans de l'eſclavage, tout homme qui a de l'humanité, qui poſſede une ame forte ou ſenſible, devient indigne de toute croyance, & l'on ne doit accorder ſa confiance qu'à des hommes aſſez froids & aſſez vils pour qu'on ſoit bien ſûr que quelque horreur qu'on exerce en leur préſence, jamais leur ame n'en ſera troublée. Je crois enfin ceux qui ont décrit les horreurs de l'eſclavage des Negres, parce qu'ils ſont exempts d'intérêt, parce qu'on n'en peut avoir aucun (d'ignoble du moins) à combattre pour les malheureux Noirs. Je rejette au contraire le témoignage de ceux qui défendent la cause de l'esclavage, qui proposent de l'adoucir par des loix, lorsque je vois qu'ils ont ou qu'ils esperent des emplois par le crédit des colons, qu'ils ont eux-mêmes des esclaves, qu'enfin ils ont été dans les Isles, ou les protecteurs, ou les complices de la tyrannie, & je doute qu'on puisse citer en faveur de l'esclavage le témoignage d'aucun homme tiré d'une autre classe. Malheur à une cause qui a contre elle tous ceux qui n'ont point un intérêt personnel de la soutenir?

La perte de la liberté est beaucoup pour les Negres, il n'y a point d'hommes pour qui elle ne soit un grand malheur : sans doute un Negre ne se tuera point, comme Caton, pour n'être pas obligé d'obéir à César, mais le Negre se tuera, parce que son maître le sépare, malgré lui, de la femme qu'il aime, parce qu'il la force de se livrer à lui-même, parce qu'à l'exemple du vieux Caton, il la prostitue pour de l'argent (*). Les Negres

(*) Plutarque dit que le vieux Caton défendoit à ses esclaves mâles tout commerce avec des femmes

regrettent leurs fêtes, leurs danſes, leur pareſſe, la liberté de ſe livrer aux goûts, aux habitudes de leur patrie.

Pour qu'un pays jouiſſe d'une véritable liberté, il faut que chaque homme n'y ſoit ſoumis qu'à des loix émanées de la volonté générale des citoyens; qu'aucune perſonne dans l'état n'ait le pouvoir, ni de ſe ſouſtraire à la loi, ni de la violer impunément; qu'enfin chaque citoyen jouiſſe de ſes droits, & qu'aucune force ne puiſſe les lui enlever, ſans armer contre elle la force publique. L'amour de cette eſpece de liberté n'exiſte pas dans le cœur de tous les hommes, & à voir la maniere dont ſe conduiſent, dans certains pays, ceux qui en jouiſſent, il n'eſt pas bien ſûr qu'eux-mêmes en ſentent tout le prix.

étrangeres, & qu'il leur permettoit, moyennant une certaine taxe, d'avoir des tête à tête avec les femmes eſclaves de ſa maiſon: mais il ne dit pas expreſſément que le produit de cette taxe fût pour Caton, ce qui cependant eſt très-vraiſemblable, vu ſon exceſſive avarice.

D'ailleurs, le ſage Caton avoit des mœurs trop ſéveres pour établir un mauvais lieu dans ſa maiſon, s'il ne lui en étoit revenu aucun profit.

Mais il y a une autre liberté, celle de disposer librement de sa personne, de ne pas dépendre, pour sa nourriture, pour ses sentimens, pour ses goûts, des caprices d'un homme; il n'est personne qui ne sente la perte de cette liberté, qui n'ait horreur de ce genre de servitude.

On dit qu'on a vu des hommes préférer l'esclavage à la liberté, je le crois; c'est ainsi qu'on a vu des François à qui on ouvroit la porte de la Bastille, aimer mieux y rester que de languir dans la misere & dans l'abandon. Un paysan esclave jouit, à des conditions très-dures, d'une maison, d'un champ, & cette maison, ce champ, sont à son maître. On lui offre la liberté, c'est-à-dire qu'on lui offre de le mettre hors de chez lui, de lui ôter le seul moyen de subsister qui soit en son pouvoir, il est tout simple qu'il préfere l'esclavage. Mais n'est-il pas à la fois ridicule & atroce de soutenir qu'un homme est bien, parce qu'il aime mieux son état que de mourir de faim?

On a osé dire que les Negres sont mieux, non pas que nos paysans ou ceux d'Angleterre & de Hollande, mais que les paysans de France ou d'Efpagne. D'abord quand cela feroit, comme l'exceffive mifere de ces payfans feroit l'ouvrage des impôts, des gênes, des prohibitions, qu'on appelle tantôt *police*, tantôt *encouragement des manufactures*, en un mot des mauvaifes loix ; ce raifonnement fe réduit à dire : *Il y a des pays où l'on eft parvenu à rendre des hommes libres plus malheureux que des efclaves, donc il faut bien fe garder de détruire l'efclavage.* D'ailleurs cette allégation eft fauffe. Elle a pu être avancée de bonne foi par des hommes que les miferes publiques, dont ils étoient témoins, avoient révolté : elle peut être le cri d'indignation d'une ame honnête, mais jamais on n'a pu la regarder comme une affertion réfléchie. Dans les pays dont on parle, il y a fans ceffe, à la vérité, une petite partie du peuple qui fe détruit par la mifere, mais il eft fort douteux qu'un mendiant foit plus malheureux qu'un Negre, & fi on excepte les tems de calamités ou les malheurs particuliers, la vie du journalier la plus pauvre eft moins dure, moins malheureufe que celle des Noirs efclaves. Les corvées feules pouvoient mettre quelquefois une partie du peuple de France au-dessous des Negres. Mais enfin, quand les paysans François seroient pendant trente jours par année aussi malheureux que des Negres, s'ensuit-il que l'esclavage des Negres ne soit pas insupportable? & si l'on a osé imprimer dans quelques brochures, que le peuple, en France, est corvéable & taillable de sa nature, en faut-il conclure que l'esclavage des Negres est légitime en Amérique? Une injustice cesse-t-elle de l'être, parce qu'il est prouvé qu'elle n'est pas la seule qui se commette sur la terre?

On a dit encore, le colon intéressé à conserver ses Negres les traitera bien, comme les Européens traitent bien leurs chevaux. A la vérité on mutile les chevaux mâles, on assujettit quelquefois les jumens à des précautions (qu'on prétend que quelques colons ont adoptées pour leurs Negresses). On condamne ces animaux à passer leur vie ou dans le travail, ou tristement attachés à un ratelier, on leur enfonce des pointes de fer dans les flancs, pour les exciter à aller plus vîte, on leur déchire la bouche avec un barreau de fer pour les contenir, parce qu'on a découvert que cette partie étoit très-sensible;

on les oblige, à coups de fouet, à faire les efforts qu'on exige d'eux; mais il eſt ſûr qu'à tout cela près les chevaux ſont aſſez ménagés : à moins encore que la vanité ou l'intérêt de leur maître ne le porte à les excéder de fatigue, & que par humeur ou par caprice les palfreniers ne s'amuſent à les fouetter. Nous ne parlons pas de leur vieilleſſe qui reſſembleroit beaucoup à celle des Negres, ſi, par bonheur pour les chevaux, leur peau n'étoit bonne à quelque choſe.

Tel eſt l'exemple qu'on propoſe ſérieuſement, pour montrer qu'un eſclave ſera bien traité, d'après ce principe, que l'intérêt de ſon maître eſt de le conſerver ! Comme ſi l'intérêt du maître pour l'eſclave, ainſi que pour le cheval, n'étoit pas d'en tirer le plus grand parti poſſible, & qu'il n'y eût pas une balance à établir entre l'intérêt de conſerver plus long-tems l'eſclave ou le cheval, & l'intérêt d'en tirer, pendant qu'ils dureront, un plus grand profit. D'ailleurs, un homme n'eſt pas un cheval, & un homme mis au régime de captivité du cheval le plus humainement traité, ſeroit encore très-malheureux. Les animaux ne ſentent que les coups ou la gêne, les hommes ſentent l'injuſtice & l'outrage; les animaux n'ont que des beſoins, mais l'homme eſt miſerable par des privations; le cheval ne ſouffre que de la douleur qu'il reſſent, l'homme eſt révolté de l'injuſtice de celui qui le frappe. Les animaux ne ſont malheureux que pour le moment préſent, le malheur de l'homme dans un inſtant embraſſe toute ſa vie. Enfin, un maître a plus d'humeur contre ſes eſclaves que contre ſes chevaux, & il a plus de choſes à démêler avec eux, il s'irrite de la fermeté de leur maintien, qu'il appelle *inſolence*, des raiſons qu'ils oppoſent à ſes caprices, du courage même avec lequel ils eſſuient ſes coups & ſes tortures; ils peuvent être ſes rivaux, & naturellement ils doivent lui être préférés.

On m'objectera enfin l'humanité des colons: on me dira; des hommes diſtingués par leur mérite, honorés de l'eſtime publique, revêtus des premieres places dans quatre des principales nations de l'Europe, ont des poſſeſſions cultivées par des eſclaves, & vous les traitez comme des criminels, qui, chaque jour qu'ils different de travailler à briſer les fers de leurs Negres, se souillent d'un nouveau crime. Je réponds qu'Aristide, Epaminondas, Caton le jeune & Marc Aurele avoient des esclaves. Quiconque a réfléchi sur l'histoire de la morale, n'a pu s'empêcher de remarquer que l'honnêteté ne consiste, dans chaque nation, qu'à ne pas faire, même étant sûr du secret, ce qui seroit déshonorant s'il étoit connu du public. Qu'une action criminelle par elle-même, ne soit pas déshonorante dans l'opinion, on la commet sans remords. Cette morale, dont on porte la sanction dans le cœur, & dont la raison éclairée dicte les maximes, cette véritable morale de la nature n'a jamais été, chez aucun peuple, que le partage de quelques hommes.

Les Européens, propriétaires des colonies, sont à plaindre d'être conduits par une fausse conscience, & d'autant plus à plaindre qu'elle auroit dû être ébranlée par les reclamations des défenseurs de l'humanité, & que sur-tout ce n'est pas contre leurs intérêts, mais pour leur avantage que cette fausse conscience les fait agir (*).

(*) Voyez mon *Sermon sur la fausse conscience*, imprimé à Yverdon en 1773.

Les préjugés sur l'esclavage des Negres sont en-

Quant à l'humanité qu'on ſuppoſe aux maîtres des Noirs, j'avoue que j'ai connu des

---

core ſi enracinés dans certaines parties de l'Europe, qu'on y a vu des miniſtres qui ſe piquoient d'humanité & de vertu, recevoir la dédicace d'ouvrages où l'on faiſoit l'apologie de cette coutume barbare. Il y a même des gens qui ſont de ſi bonne foi ſur cet article, qu'un négociant s'aviſa de propoſer, il y a quelques années, à un miniſtre révéré en Europe pour ſes lumieres & pour ſes vertus, de donner ſon nom à un vaiſſeau deſtiné à la traite des Negres. On ſent quelle dût être la réponſe du miniſtre.

Lorſque j'ai écrit cette note, la mort n'avoit point enlevé à la France, à l'Europe, au monde entier, le ſeul homme peut-être dont on ait pu dire que ſon exiſtence étoit néceſſaire à l'humanité. Il avoit embraſſé, dans toute ſon étendue, le ſyſtême des ſciences, d'où dépend le bonheur des hommes. Il avoit donné pour baſe à ces ſciences un petit nombre de vérités ſimples, puiſées dans la nature de l'homme ou des choſes, & ſuſceptibles de preuves rigoureuſes. La déciſion de toutes les queſtions de droit public, de légiſlation, d'adminiſtration, devenoit une conſéquence néceſſaire & jamais arbitraire de ces principes: il n'avoit rien trouvé qui ne pût, qui ne dût être réglé par les loix inflexibles de la juſtice, & il avoit aſſujetti le ſyſtême ſocial

Anglois & des François très-humains, mais ils vivoient en Europe, & leur humanité étoit

---

à des loix générales & rigoureuſes, comme celles qui gouvernent le ſyſtême du monde.

Il ne cherchoit point, comme les anciens légiſlateurs, à dénaturer l'homme pour le rendre plus grand, mais il vouloit le rendre heureux & ſage en lui apprenant à écouter la raiſon, à connoître, à aimer la juſtice, à ſuivre la nature. Si ſes idées, ſi ſes vues périſſent avec lui, le genre humain, qui n'a jamais fait de perte plus grande, n'en aura jamais fait de plus irréparable.

Dans un miniſtere très-court, on l'a vu aſſurer la ſubſiſtance du peuple, en rendant la liberté au commerce des grains, rétablir les poſſeſſeurs de terres dans leurs droits de propriété, en leur rendant celui de diſpoſer librement des productions de leur ſol; & reſtituer en même tems aux hommes qui vivent de leur travail, la libre diſpoſition de leurs bras, de leur induſtrie, eſpece de propriété non moins ſacrée, dont l'établiſſement des corps de métier & leurs réglemens les avoient privés. Il a détruit la ſervitude des corvées, ſervitude qui place le peuple dans un état pire que celui des bêtes de ſomme, puiſqu'après tout on nourrit l'animal qu'on force au travail. Toutes ces loix, qui auroient ſuffi pour illuſtrer un miniſtere de vingt ans, ont été l'ouvrage de vingt mois, & ce n'étoit que les premiers traits

d'une foible ressource à de malheureux esclaves, livrés en Amérique à des régisseurs.

---

du plan le plus vaste, le mieux combiné qu'aucun législateur n'ait jamais conçu pour le bonheur d'une grande nation. Les moyens de l'exécution auroient été simples, & cette heureuse révolution se feroit exécutée en peu d'années, sans exposer la tranquillité publique, sans qu'il en coutât rien à la justice.

Tout ce que la fourberie peut inventer de petites ruses, fut employé par les ennemis du bien public, pour exciter contre lui des orages ; ils réussirent au-delà de leurs espérances, & ces orages ne servirent qu'à faire admirer davantage les talens, le courage & les vertus du grand homme dont ils craignoient les lumieres & l'incorruptible équité.

Il est le seul de tous les hommes d'état qui n'ait eu d'autre regle de politique que la justice, d'autre art que de présenter la vérité avec clarté & avec force, d'autre intérêt que celui de la patrie, d'autre passion que l'amour du bien public. S'il abhorroit cette politique infâme qui trompe une nation, pour augmenter la richesse ou la puissance du prince, la politique insidieuse qui tromperoit le prince pour augmenter la liberté du peuple, étoit indigne de son caractere. Toute charlatanerie lui paroissoit une fourberie, moins coupable peut-être

Les maîtres reſſemblent à ces ſouverains dont le cœur eſt bon, mais au nom de qui on brûle,

---

que beaucoup d'autres, mais plus ridicule & plus honteuſe. Il ne croyoit pas que l'amour de la gloire méritât d'être le mobile des actions d'un homme de bien, tant que les hommes ne feroient pas aſſez éclairés pour n'honorer de cette recompenſe que ce qui eſt vraiment utile.

Jamais homme n'a reçu une ame, à la fois, plus calme & plus ſenſible, n'a réuni plus de force à plus de bonté, plus d'indulgence pour les autres à plus de ſévérité pour lui-même, plus d'empire ſur ſes paſſions à plus de franchiſe, plus de prudence ou de reſerve à une haine plus forte contre tout ce qui avoit l'apparence de la fauſſeté & de la diſſimulation. Il avoit ſacrifié l'eſpérance d'une fortune immenſe à ſon reſpect pour la vérité, ſa ſanté & ſes goûts au deſir de ſervir l'humanité, enfin ſa place, ſa gloire même, du moins pendant ſa vie, & juſqu'à l'eſpérance de faire le bien, à la ſérénité de ſes principes.

Juſte envers ſes ennemis, mais ſans prétendre à être généreux, il ne ſe croyoit point permis de faire grace à un méchant ou de le ménager, parce qu'il avoit à s'en plaindre. Toute eſpece d'exagération, d'oſtentation, étoit étrangere à ſon caractere, il avoit ces défauts en horreur, parce qu'il croyoit y voir plus de fauſſeté encore que d'orgueil. Perſonne

on brife des hommes vivans, d'un bout de leurs états à l'autre, parce que ces fouverains fe conduifent, non d'après leur propre cœur, mais d'après les préjugés ou la politique

---

n'a eu de lumieres plus étendues, plus variées; perfonne n'a eu le courage d'approfondir plus d'objets différens, n'a remonté plus loin vers les premiers principes de toutes les connoiffances, n'en a fuivi les conféquentes avec plus de fagacité & de juftefse. Il feroit difficile de nommer une queftion importante fur laquelle il n'eut une opinion arrêtée, qu'il s'étoit formée d'après lui-même, ou qu'il ne put refoudre d'après fes principes. Jamais homme n'a poffédé un efprit plus étendu, plus profond, plus jufte, une ame plus douce, plus pure, plus courageufe. Peut-être a-t-il exifté des hommes d'un auffi grand génie, d'autres auffi vertueux, auffi grands, mais jamais dans aucun la nature humaine n'a plus approché de la perfection.

Ceux qui, pendant fa vie, l'ont haï à caufe du bien qu'il pouvoit faire, ceux qui, dans le délire de leur orgueil, ont ofé être jaloux de lui, pardonneront, à préfent qu'il n'eft plus à craindre, le témoignage que rend à fa mémoire un étranger qu'unifsoit avec lui une paffion commune pour le bien de l'humanité, & qui, dans fes voyages en France, a joui du bonheur de l'entendre développer fes vues & montrer fon ame toute entiere.

de leurs miniſtres. L'humanité de la plupart des hommes ſe borne à plaindre les maux qu'ils voient, ou dont on leur parle, & quelquefois à les ſoulager. Mais cette humanité, qui cherche ſur la terre entiere où il exiſte des malheureux, pour les défendre & pour s'élever contre leurs tyrans, cette humanité n'eſt pas dans le cœur de tous les hommes, & c'eſt la ſeule cependant qui pourroit être utile aux eſclaves de l'Amérique s'ils la trouvoient dans un de leurs maîtres; alors regardant le bonheur de ſes eſclaves comme un devoir dont il eſt chargé, & la perte de leur liberté & de leurs droits comme un tort qu'il doit reparer, il voleroit dans ſon habitation, y abdiquer la tyrannie d'un maître, pour ne garder que l'autorité d'un ſouverain juſte & humain, il mettroit ſa gloire à changer en hommes ſes eſclaves; il en formeroit des ouvriers induſtrieux, des fermiers intelligens. L'eſpoir d'un gain légitime, le deſir de rendre l'exiſtence de ſa famille plus heureuſe, ſeroient les ſeuls aiguillons du travail. Les chatimens employés par l'avidité, & infligés par le caprice, ne ſeroient plus que la punition des crimes, punition décernée par des juges, choisis parmi les Noirs. Les vices des esclaves disparoîtroient avec ceux du maître; bientôt il se trouveroit au milieu d'amis attachés à lui jusqu'à la passion, fideles jusqu'à l'héroïsme. Il montreroit, par son exemple, que les terres les plus fertiles ne sont pas celles dont les cultivateurs sont les plus miserables, & que le vrai bonheur de l'homme est celui qui ne s'achete point aux dépens du bonheur de ses freres. Au bruit des fouets, aux hurlemens des Negres, succéderoient les sons doux & tendres de la flûte des bords du Niger. Au lieu de cette crainte servile, de ce respect plus humiliant pour celui qui le reçoit, que révoltant pour ceux que la force contraint à le rendre; au lieu de ce spectacle de servitude, de férocité, de prostitution & de misere, que sa présence a fait disparoître, il verroit naître autour de lui la simplicité grossiere, mais ingénue de la vie patriarcale; partout des familles heureuses de travailler & de se reposer ensemble, viendroient frapper ses regards attendris. Le sentiment de l'honnêteté, l'amour de la vertu, l'amitié, la tendresse maternelle ou filiale, tous les sentimens doux, tendres ou généreux qui viendroient charmer ou embellir l'ame de ces infortunés, ou plutôt leur ame entiere feroit fon ouvrage, & au lieu d'être riche du malheur de fes efclaves, il feroit heureux de leur bonheur.

J'ai rencontré quelquefois des maîtres Américains, accoutumés à vivre dans les habitations, & il m'a fuffi de leur avoir entendu parler une ou deux fois des Negres, pour fentir combien ceux-ci devoient être malheureux (*). Le mépris avec lequel ils en

---

(*) Si vous les interrogez, ils vous diront que les Negres font une canaille abominable, qu'on les traite très-bien, que toutes les atrocités qu'on impute en Europe à leurs maîtres font autant de contes. Mais ne les interrogez pas, gardez-vous furtout de contredire leurs principes de tyrannie, faites-vous la violence de vous taire, de contraindre votre vifage, alors vous entendrez d'eux la vérité. Ils vous raconteront, fans y penfer, ce qu'ils n'auroient ofé vous répondre.

Nous rapporterons ici deux traits, qui prouvent à la fois, combien les Européens font éloignés, en général, de regarder les Noirs comme leurs femblables, & que cependant on peut citer quelques exceptions honorables pour l'efpece humaine. En 1761,

parlent, eſt une preuve de la dureté avec laquelle on les traite. D'ailleurs, les habitations

---

le vaiſſeau l'*Utile* échoua ſur l'Iſle de Sable. M. de la Fargue, capitaine, ſes officiers, & l'équipage, compoſé de Noirs & de Blancs, employerent ſix mois à conſtruire une eſpece de chaloupe. Elle ne pouvoit contenir que les Blancs. Trois cents Noirs, hommes ou femmes, conſentirent à leur départ, & à reſter ſur l'Iſle, avec la promeſſe ſolemnelle qu'auſſitôt l'arrivée de M. de la Fargue à l'iſle de France, les Blancs enverroient un vaiſſeau pour ramener leurs malheureux compagnons. La chaloupe arriva heureuſement à Madagaſcar, on demanda un vaiſſeau à l'adminiſtration de l'Iſle de France, pour aller chercher les Noirs, laiſſés dans une iſle preſqu'entierement couverte d'eau à chaque marée, où l'on ne trouve ni arbres ni plantes, où ces trois cents Noirs n'avoient pour lit qu'une terre humide, & pour nourriture que des coquillages, des œufs d'oiſeaux de mer, quelques tortues, le poiſſon & les oiſeaux qu'ils pouvoient prendre à la main. M. Des Forges, alors gouverneur de l'Iſle de France, refuſa d'envoyer un vaiſſeau, ſous prétexte qu'il couroit riſque d'être pris. En 1776, après treize ans de paix, M. le chevalier de Ternai envoya M. Tromelin, lieutenant de vaiſſeau, ſur la corvette la *Silphide*, chercher les reſtes de ces infortunés, abandonnés depuis quinze ans. Il ne paroit pas que dans l'intervalle

ſont gouvernées par des procureurs, eſpeces d'hommes qui vont chercher la fortune hors

---

on eût fait aucune tentative ſérieuſe. M. Tromelin, arrivé près de l'Iſle de Sable, détacha une chaloupe, commandée par M. Page, elle aborda heureuſement. On trouva encore ſept Negreſſes & un enfant né dans l'Iſle, les hommes avoient tous péri, ſoit de miſere & de déſeſpoir, ſoit en voulant ſe ſauver ſur des radeaux, conſtruits avec les reſtes du vaiſſeau l'Utile. Ces Negreſſes s'étoient fait des couvertures avec les plumes des oiſeaux qu'elles avoient pu ſurprendre. Une de ces couvertures a été préſentée à M. de Sartine.

En 1757, M. Moreau, commandant le Favori, reconnut les Iſles *Adu*, il y envoya, dans un canot, M. Riviere, officier de ſon bord, deux Blancs & cinq Noirs. Les courans ayant entraîné le vaiſſeau hors de ſa route, M. Moreau ſe crut obligé d'abandonner ſon canot. Les huit hommes, laiſſés ſur les iſles *Adu*, prirent le parti de remplir le canot de cocos, & d'eſſayer de gagner l'Inde. On attacha au canot un radeau, chargé auſſi de noix de cocos, mais au bout de trois jours, la mer étant trop forte, on fut obligé de l'abandonner. Alors, comme la proviſion ne pouvoit pas ſuffire pour les huit hommes, les Blancs propoſerent à M. Riviere de jetter les Noirs à la mer. Il rejetta cette propoſition avec horreur, dit que le malheur les avoit rendus tous

de l'Europe, ou parce que toutes les voies honnêtes d'y trouver de l'emploi leur ſont fermées, ou parce que leur avidité inſatiable n'a pu ſe contenter d'une fortune bornée. C'eſt donc à la lie de nations déja très-corrompues, que les Negres ſont abandonnés. Enfin, ſouvent les Negres ſont mis à la torture en préſence des femmes & des filles des colons, qui aſſiſtent paiſiblement à ce ſpectacle, pour ſe former dans l'art de faire valoir les habitations; d'autres Negres ont été les victimes de la férocité de leurs maîtres. Plus d'une fois on en a fait brûler dans

---

égaux, que les cocos ſeroient diſtribués également entre tous, & qu'ils périroient ou ſe ſauveroient enſemble. Il n'y avoit que pour treize jours de vivres, la traverſée fut de vingt-huit, ils arriverent enfin près de Calicut, à l'embouchure d'une riviere, mourans de faim & de fatigues, leur canot ſe remplit d'eau en paſſant la barre, mais tous furent ſauvés. M. Riviere reprit bientôt ſes forces & ſa ſanté, & continua de ſervir. Lorſque pluſieurs années après on lui faiſoit des queſtions ſur cette aventure & ſur le capitaine qui l'avoit abandonné. J'ai fait vœu dans mon malheur, répondoit-il, de ne parler de lui, ni en bien, ni en mal.

des fours ; & ces crimes, qui méritoient la mort, sont tous demeurés impunis, & il n'y a pas eu, depuis plus d'un siecle, un seul exemple d'un supplice infligé à un colon pour avoir assassiné son esclave. On pourroit dire, que ces crimes cachés dans l'intérieur des habitations ne pouvoient être prouvés, mais les Blancs se permettent de tuer les Negres marons, comme on tue des bêtes fauves ; ce crime se commet au-dehors, il est public & il reste impuni ; & non-seulement, jamais une seule fois la tête d'un de ces monstres n'est tombée sous le fer de la loi, mais ces actions infâmes ne les déshonorent point entr'eux, ils osent les avouer, ils s'en vantent, & ils reviennent tranquillement en Europe parler d'humanité, d'honneur & de vertu. Il peut y avoir eu quelquefois des maîtres humains en Amérique, mais parce que Ciceron, dans l'ancienne Rome, traitoit ses esclaves avec humanité, ne devons-nous plus détester la barbarie des Romains envers leurs esclaves : & quand nous savons qu'il existe des milliers d'infortunés, livrés à des hommes vils & méchans, qui peuvent impunément leur faire tout souffrir, jusqu'à la torture ou à la mort, qu'avons-nous besoin de connoître les détails des habitations, pour savoir tout ce que ces infortunés éprouvent d'outrages, pour avoir droit de nous élever contre leurs tyrans, & pour être dispensés de plaindre les colons, quand même l'affranchissement entraîneroit leur ruine absolue. Il s'agit pour le Negre de la liberté, de la vie; il ne s'agit pour l'Européen que de quelques tonnes d'or, & c'est le sang de l'innocent qu'on met en balance avec l'avarice du coupable. Doux apologistes de l'esclavage des Noirs, supposez vous pour un instant aux galeres, & que vous y soyez injustement, supposez ensuite que votre bien m'ait été donné; que penseriez-vous de moi, si j'allois mettre en principe que vous devez rester toujours à la chaîne quoiqu'innocens, parce qu'on ne peut vous en faire sortir sans me ruiner? Voilà cependant le beau raisonnement avec lequel, dans vos mémoires clandestins, vous combattez les intentions bienfaisantes des rois & des ministres, vous surprenez, dans les pays où la presse n'est point libre, des défenses de combattre vos principes criminels, & certes en cela du moins, vous vous êtes rendu justice.

C'eſt ſur-tout pour ces pays où la vérité eſt captive que j'ai écrit cet ouvrage, & je l'ai écrit dans une langue étrangere pour moi, mais que les ouvrages des poëtes & des philoſophes François a rendu la langue de l'Europe. Cette protection accordée à l'avarice, contre les Negres, qui eſt en Angleterre & en Hollande, l'effet de la corruption générale de ces nations, n'a pour cauſe, en Eſpagne & en France, que les préjugés du public, & la ſurpriſe faite aux gouvernemens que l'on trompe également, & ſur la néceſſité de l'eſclavage, & ſur la prétendue importance politique des colonies à ſucre. Un écrit fait par un étranger peut ſur-tout être utile pour la France. Il ne ſera pas ſi facile d'en détruire l'effet d'un ſeul mot, en diſant, qu'il eſt l'ouvrage d'un philoſophe. Ce nom, ſi reſpectable ailleurs, eſt devenu une injure dans cette nation, & de combien de choſes auſſi n'y accuſe-t-on pas les philoſophes? Si quelques écrivains ſe ſont élevés contre l'eſclavage des Negres, ce ſont des philoſophes, a-t-on dit, & on a cru leur avoir répondu. A-t-on propoſé d'abolir l'uſage dégoutant & meurtrier de paver de

morts

morts l'intérieur des églises, d'entasser les cadavres au milieu des villes? ces idées viennent des philosophes. Quelques personnes se sont-elles soustraites, par l'inoculation, aux dangers de la petite verole? c'est par l'avis des philosophes. Ce sont les philosophes qui ont fait supprimer les fêtes, les célestins & les jésuites, & qui ont essayé de répandre l'opinion absurde, que le monde pourroit subsister quand même il n'y auroit plus de moines? Si un historien parle avec indignation des massacres des Albigeois ou de la St. Barthelemi, des assassinats de l'inquisition, des docteurs qui déclarerent Henri IV déchu du trône, & qui aiguiserent contre lui tant de poignards, sur le champ on dénonce cet historien comme un philosophe *ennemi du trône & de l'autel.* Si on a supprimé depuis peu l'usage de briser les os des accusés entre les planches, pour les engager à dire la vérité, c'est que les philosophes ont déclamé contre la question, & c'est malgré les philosophes que la France a eu le bonheur de sauver un débris des anciennes loix, & de conserver l'habitude précieuse d'appliquer à la torture les criminels condamnés. Ce ſont des philoſophes qui ont voulu abolir les corvées, & c'eſt encore leur faute ſi, malgré le rétabliſſement de cette méthode, elle s'éteint peu-à-peu; à peine, en ſubſtituant un impôt aux corvées, a-t-on pu ſauver de leurs mains deſtructives le juſte & antique uſage de n'en faire tomber le poids que ſur les roturiers. Qui eſt-ce qui oſe ſe plaindre en France de la barbarie des loix criminelles, de la cruauté avec laquelle les proteſtans François ſont privés des droits de l'homme & du citoyen, de la dureté & de l'injuſtice des loix ſur la contrebande & ſur la chaſſe? ce ſont les philoſophes. Qui a pu avoir la coupable hardieſſe de prétendre qu'il feroit utile au peuple & conforme à la juſtice de rendre la liberté au commerce & à l'induſtrie? Quels ſont ceux qui ont reclamé, pour chaque propriétaire, le droit illimité de diſpoſer de ſa denrée; pour chaque homme, le droit illimité de diſpoſer de ſes forces? On voit bien que ce ſont ſûrement les philoſophes. Et ſi quelques perſonnes ont pouſſé la ſcélérateſſe juſqu'à dire à l'oreille, que le roi, en rendant la liberté aux ſerfs du domaine public, devoit comprendre dans ce nombre les cerfs du clergé, & qu'il en avoit le droit, puiſque les biens du clergé ſont une partie du domaine public, ſi elles ont même ajouté qu'il ſeroit utile au peuple d'employer le bien du clergé, qui appartient évidemment à la nation, à payer les dettes de la nation, ces blaſphêmes ne ſortent-ils pas néceſſairement de la bouche d'un philoſophe? Voilà ce que j'ai entendu dire à pluſieurs abbés, dans pluſieurs anti-chambres, dans le dernier ſéjour que j'ai fait en France. En vérité, il faut que ceux qui s'accordent à attribuer aux philoſophes de pareilles atrocités, ſe ſoient formé de la philoſophie une idée bien abominable.

FIN.

www.ingramcontent.com/pod-product-compliance
Ingram Content Group UK Ltd.
Pitfield, Milton Keynes, MK11 3LW, UK
UKHW021212220726
13924UKWH00003B/1475